Über dieses Buch

›Also sprach Zarathustra‹ ist Friedrich Nietzsches berühmtestes, vielleicht aber auch sein schwierigstes Werk, denn in ihm begegnet man einem dichtenden Philosophen wie einem philosophischen Dichter gleichermaßen, der sich jeglicher Systematik zu verschließen scheint. Hinzu kommt die Problematik einer außergewöhnlichen Textgeschichte, die auch mit Fälschung und ideologischer Vereinnahmung zu tun hat. Wer aber den Schlagwörtern vom »Übermenschen« oder vom »Willen zur Macht« mißtraut und Nietzsches vielzitiertes Werk im Original lesen möchte oder gar muß – der findet hier einen hilfreichen Wegbegleiter. Dieses Buch ist ein Angebot, sich mit zwei erfahrenen Lesern auf den nicht ganz unbeschwerlichen Weg zu machen, Schritt für Schritt mit der diesem radikalen Philosophen eigenen Sprache vertraut zu werden, um am Ende gerüstet zu sein, den ganzen Text selbst mit Vergnügen und Gewinn anzupacken.

Für Sabine und Silvia

Nietzsche für Anfänger

Also sprach Zarathustra

Eine Lese-Einführung
von Rüdiger Schmidt und Cord Spreckelsen

Deutscher Taschenbuch Verlag

Originalausgabe
Dezember 1995
2. Auflage März 1996
Deutscher Taschenbuch Verlag GmbH & Co. KG,
München

Umschlaggestaltung: Klaus Meyer
Umschlagbild: Ralph Bittner
Satz: Design Typo Print GmbH
Druck und Bindung: C.H. Beck'sche Buchdruckerei,
Nördlingen
Printed in Germany · ISBN 3-423-04664-3

Inhaltsverzeichnis

Vorbemerkung

Innerhalb meiner Schriften steht für sich mein *Zarathustra*. Ich habe mit ihm der Menschheit das grösste Geschenk gemacht, das ihr bisher gemacht worden ist. Dies Buch, mit einer Stimme über Jahrtausende hinweg, ist nicht nur das höchste Buch, das es giebt, das eigentliche Höhenluft-Buch – die ganze Thatsache Mensch liegt in ungeheurer Ferne *unter* ihm –, es ist auch das *tiefste*, das aus dem innersten Reichthum der Wahrheit heraus geborene, ein unerschöpflicher Brunnen, in den kein Eimer hinabsteigt, ohne mit Gold und Güte gefüllt heraufzukommen. (KSA 6, 259)

Also sprach Zarathustra »steht für sich«. Es wurde zu Nietzsches berühmtestem Buch; es wurde als Versuch einer neuen heiligen Schrift verstanden, verehrt und verrissen. Nietzsches *Zarathustra* ist noch mehr als seine übrigen Bücher irritierend: das Buch ist keine philosophische Abhandlung im üblichen Sinne, es ist auch keine Dichtung, vor allem aber fällt es formal aus dem Rahmen der anderen Schriften Nietzsches. Nirgendwo sonst gestaltet er eine zentrale Figur, nirgendwo sonst finden sich derart viele stilistische Anklänge an religiöse Bücher. Das Buch entzieht sich in mehrfacher Hinsicht einer Einordnung.

Und Nietzsche selbst? Auch er widersetzt sich Vereinnahmungen. Die zitierte Äußerung zum Zarathustra findet sich im *Ecce homo*, seiner letzten für den Druck vorbereiteten Schrift, einer vorbeugenden Selbstdarstellung. »Ich habe eine erschreckliche Angst davor, dass man mich eines Tages *heilig* spricht: man wird errathen, weshalb ich dies Buch vorher herausgebe, es soll verhüten, dass man Unfug mit mir treibt…« (KSA 6, 365). Auch *Ecce homo* erzeugt Irritationen, hier jedoch bezogen auf Nietzsche selbst:

»Warum ich so weise bin«, »Warum ich so klug bin«, »Warum ich so gute Bücher schreibe«, »Warum ich ein Schicksal bin«, lauten Abschnittsüberschriften.

Diese letzte autobiographische Schrift dokumentiert Extreme und Brüche. Und dennoch, so sehr die Instabilitäten des *Ecce homo* auch auf den Turiner Zusammenbruch Nietzsches hindeuten mögen, der das katastrophale Abreißen seiner Denkarbeit markiert: Dieser Selbstkommentar spiegelt die Lebendigkeit seiner Gedanken, formuliert radikale Selbsteinschätzungen genauso wie radikale Selbstzweifel und deutet gerade darin an, warum es sich lohnt, Nietzsche zu lesen.

> Ich will kein Heiliger sein, lieber noch ein Hanswurst ... Vielleicht bin ich ein Hanswurst ... Und trotzdem oder vielmehr nicht trotzdem – denn es gab nichts verlogeneres bisher als Heilige – redet aus mir die Wahrheit.(ebd.)

Ein Fall für Leser

Nietzsche – ein gläserner Mensch

Über kaum einen philosophischen Autor wissen wir so viel wie über Friedrich Nietzsche, sein Arbeiten, seine Träume und Wünsche. Über fast jeden Tag können wir berichten, jede Reise rekonstruieren und nebenbei noch lernen, daß man in den achtziger Jahren des 19. Jahrhunderts mit dem Zug schneller von Florenz nach Genua kam als heute.

Eine Voraussetzung lieferte Nietzsche selbst, da er seine Notizbücher und Zettel aufhob und an den jeweiligen Aufenthaltsorten deponierte, um später wieder auf sie zurückgreifen zu können, und dann ein Notizbuch von hinten nach vorne beschrieb, bis er auf die beschriebenen Seiten der ersten Benutzung stieß. Eine weitere Voraussetzung schuf schon früh seine Schwester Elisabeth, die 1846 – zwei Jahre nach ihrem Bruder – geboren wurde und die jede Notiz ihres Bruders aufhob; auch dann, wenn Nietzsche ausdrücklich das Verbrennen eines Kartons alter Aufzeichnungen wünschte. Nach dem Zusammenbruch ihres Bruders (1889) systematisierte sie den gesammelten Nachlaß, gründete 1894 in Naumburg das Nietzsche-Archiv und organisierte die systematische Suche nach weiteren schriftlichen Zeugnissen, vor allem den Briefen des Philosophen.

Von Anfang an aber macht das Interesse an der Person Nietzsche einen bedeutenden Anteil der Literatur über ihn aus. Früh setzt eine biographische Forschung ein, die bis heute nicht abgeschlossen und noch immer auf der Jagd nach neuen Details ist. Schon 1894 veröffentlichte Lou Andreas-Salomé ›Friedrich Nietzsche in seinen Werken‹. Dort findet man die vielleicht schönste Beschreibung des Menschen Nietzsche, liest etwas über die Art seines Sprechens, über seine Bewegungen, seine Hände. Erinnerungen der Schwester und seiner Freunde folgten. Ab 1894 wird dann die erste große Edition der Schriften und des Nachlasses herausgegeben – und damit beginnt eine neue, bis heute nicht abgeschlossene Geschichte.

»Als käme er aus einem Lande wo sonst Niemand wohnt«
(Erwin Rhode)

Stationen

Wäre die Historie nicht immer noch eine verkappte christliche Theodicee, wäre sie mit mehr Gerechtigkeit und Inbrunst des Mitgefühls geschrieben, so würde sie wahrhaftig am wenigsten gerade als Das Dienste leisten können, als was sie jetzt dient: als Opiat gegen alles Umwälzende und Erneuernde. Aehnlich steht es mit der Philosophie: aus welcher ja die Meisten nichts Anderes lernen wollen, als die Dinge ungefähr – sehr ungefähr! – verstehen, um sich dann in sie zu schicken. Und selbst von ihren edelsten Vertretern wird ihre stillende und tröstende Macht so stark hervorgehoben, dass die Ruhesüchtigen und Trägen meinen müssen, sie suchten dasselbe, was die Philosophie sucht. Mir scheint dagegen die wichtigste Frage aller Philosophie zu sein, wie weit die Dinge eine unabänderliche Artung und Gestalt haben: um dann, wenn diese Frage beantwortet ist, mit der rücksichtslosesten Tapferkeit auf die *Verbesserung der als veränderlich erkannten Seite der Welt* loszugehen. (KSA 1, 445)

Dies schreibt 1876 der Professor der Altphilologie Friedrich Nietzsche, einunddreißig Jahre alt – und doch schon seit dreieinhalb Jahren Lehrstuhlinhaber in Basel. Verändern wollte er das verkrustete Deutschland, das nach dem militärischen Sieg über Frankreich meinte, auch kulturell gesiegt zu haben. Gerade aber das Kulturleben als, wie Nietzsche meinte, reine Unterhaltung, spiegelte eine gleichgültige Gesellschaft wider – gleichgültig den Werten gegenüber, die das antike Griechenland prägten. Dieses war dem Professor der alten Sprachen allerdings ein Griechenland, das nicht das schöne, einfältige der deutschen Klassik war.

An einem neuen Griechenbild arbeitete schon der Student Nietzsche in Leipzig. Leitfaden ist ihm die Philosophie Schopenhauers und das Gesamtwerk Wagners. Nietzsche entdeckt den griechischen Pessimismus: gerade weil die Griechen von den Abgründen des Lebens wußten, schufen sie ihre große Kunst. Die Abgründe repräsentiert Dionysos, die Kunst Apollo. Nur »als *ästhetisches Phänomen*«, heißt es im ersten Buch Nietzsches, »ist das Dasein und die Welt ewig *gerechtfertigt*« (KSA 1, 47). Dieses Buch, die 1872 veröffentlichte *Geburt der Tragödie aus dem Geiste der Musik*, brachte Nietzsche gleich um seinen wissenschaftlichen Ruf; zu revolutionär waren seine Thesen über die dunklen Seiten Griechenlands, zu deutlich die Absicht, ein geschichtsphilosophisches Fundament für die Bayreuther Pläne Richard Wagners zu errichten. Als dann auch noch Wagner selber in den Streit um Nietzsches Buch eingreift und in der *Norddeutschen Allgemeinen* eine Verteidigung veröffentlicht, ist es endgültig mit der Seriosität Nietzsches vorbei. »In einem speziellen Fall weiß ich sogar,« schreibt Nietzsche an seinen Freund Erwin Rhode, »daß ein Student [...] in Bonn zurückgehalten ist und beglückt an Verwandte geschrieben hat, er danke

Gott nicht an einer Universität zu sein, wo *ich* Lehrer sei« (KSA 15, 44). Die Studenten bleiben dann auch im Wintersemester gänzlich weg: »Hier ist das nächste, mich etwas bedrückende Faktum, daß an unserer Universität die Philologen ausgeblieben sind, [...] ein ganz einziges Phänomen. [...] Mit äußerster Noth habe ich ein Colleg [...] zu Stande gebracht, mit 2 Zuhörern, d.h. einem Germanisten und einem Juristen [...] Daß die kleine Universität nun gar noch durch mich leiden soll, ist recht schwer zu ertragen« (ebd.). Die Universität Basel hat Nietzsche gegenüber nie ein kritisches Wort geäußert.

Am 9. Juni 1872 schreibt Cosima Wagner in ihr Tagebuch:

> Brief [*nicht überliefert*] von Professor Nietzsche, der das Pamphlet des H. von Wilamowitz gegen ihn schickt. Betrachtungen, die sich an diese neue Gemeinheit knüpfen; Richard erkennt den jetzigen Zustand der Welt als einen trostlosen; die Professoren, die wieder Spezial-Professoren bilden, keine humane Bildung, die sich verbreitet, der Jurist z.B. denkt nicht daran, Philologie und Philosophie zu studieren, alles nur Spezialitäten. (KSA 15, 40)

Um eine Einheit von Leben, Arbeiten und Kultur ging es Nietzsche, um das Bayreuther Projekt, also die Errichtung eines großen Festspielhauses ausschließlich für die Aufführungen der Opern Richard Wagners, die Schaffung eines – fast – mystischen Ortes, von dem aus dann die Gesellschaft sich erneuern sollte. Die Begeisterung vieler junger Menschen für dieses Projekt ist zu vergleichen mit der Begeisterung einer ganzen Generation für Woodstock.

Als Nietzsche dann zur Eröffnung der ersten Festspiele 1876 nach Bayreuth kommt, hat Wagner dessen Schrift *Richard Wagner in Bayreuth* nicht gelesen, und überhaupt hat er keine Zeit für »seinen« Professor. Und der fand in Bayreuth keine Kulturrevolutionäre, sondern Geld- und echten Adel. Nietzsche verläßt Bayreuth noch während der Proben und flüchtet nach Klingenbrunn, wo ihn am 8. August 1876 ein Brief seiner Schwester Elisabeth erreicht: »Wagner begrüßte mich in einer Zwischenpause und (sagte) ›Du möchtest nur kommen seine Kompositionen hätten Dir immer gefallen!‹ er war so drollig« (KSA 15, 69).

Nun, drollig ist schon, so zu sprechen. Jemandem gegenüber, dem das Bayreuther Projekt einmal Weltanschauung war und der noch für die ersten Festspiele einen programmatischen Aufsatz schrieb; zusammengesetzt aus Zitaten – so wissen wir seit den Arbeiten Mazzino Montinaris – der frühen, kulturrevolutionären Schriften Wagners. Ein Spiegel gleichsam: so hast Du früher gedacht.

Im Sommer 1876 erschien jedoch die hohe Gesellschaft. Es war keine Rede mehr davon, das Festspielhaus dem »Volk« zu öffnen und den ›Ring des Nibelungen‹, Wagners Gesamtkunstwerk, als Fanal zur Veränderung der Gesellschaft zu verstehen, um dann das Festspielhaus wieder abzureißen.

Nietzsches Flucht, so wissen wir heute, kam nicht unerwartet. In seinen Notizbüchern finden sich schon früh kritische Töne gegen den Dogmatismus Schopenhauers und Wagners. 1874 schreibt Nietzsche einen kleinen Aufsatz mit dem Titel *Über Wahrheit und Lüge im außermoralischen Sinne*. »Außermoralisch« meint hier nicht wertend. Eine historische Analyse der moralischen Begriffe.

Noch aber riskiert Nietzsche nicht, seine kritischen Gedanken zu veröffentlichen. *Über Wahrheit und Lüge im außermoralischen Sinne* bleibt eine Geheimschrift. In ihr finden sich bereits Elemente seiner späteren kritischen Philosophie. Die in dieser Zeit von ihm publizierten *Unzeitgemäßen Betrachtungen*,

Schopenhauer als Erzieher und *Wagner in Bayreuth* sind Abschiedsschriften.

Nietzsche geht es in der zweiten Hälfte der siebziger Jahre zunehmend schlechter. Kopfschmerzen und ein ständiges Augenleiden lassen ihn schon 1877 um eine Beurlaubung bitten. Er verbringt den Winter 1877/78 in Sorrent bei Neapel zusammen mit seiner mütterlichen Freundin Malwida von Meysenbug, seinem ehemaligen Studenten Alfred Brenner und mit Paul Rée, dem Verfasser des ›Urspungs der moralischen Empfindung‹. In Rée findet Nietzsche jemanden, mit dem zusammen er philosophieren und arbeiten kann.

1878 erscheint dann *Menschliches, Allzumenschliches. Ein Buch für freie Geister. Dem Andenken Voltaire's geweiht*. Nietzsches Bayreuther Freunde waren entsetzt: Ein Buch Voltaire gewidmet, einem Franzosen und Aufklärer? Nietzsche schreibt *über Menschliches, Allzumenschliches*: »Es heisst sich ein Buch für freie Geister: fast jeder Satz davon drückt einen Sieg aus – ich habe mich mit demselben vom Unzugehörigen in meiner Natur freigemacht.« Das Unzugehörige, das ist Nietzsche nun jeglicher Dogmatismus, jeglicher Glaube – und sei es an ein philosophisches System. Die deutsche Aufklärung, die man im 18. Jahrhundert vergeblich sucht, gilt es noch zu entdecken. Man findet sie in Nietzsches Schriften.

In einem Brief an Marie von Schleinitz schreibt Cosima Wagner:

> Das Buch von Nietzsche habe ich nicht gelesen. Das Durchblättern und einige prägnante Sätze daraus genügten mir und ich legte es ad acta. Bei dem Autor hat sich ein Prozeß vollzogen, welchen ich schon längst habe kommen sehen, gegen welchen ich nach meinen geringen Kräften gekämpft habe. Vieles hat mitgewirkt zu dem traurigen Buche! Schließlich kam noch Israel hinzu in Gestalt eines Dr. Rée, sehr glatt, sehr kühl,

gleichsam durchaus eingenommen und unterjocht durch Nietzsche, in Wahrheit aber ihn überlistend, im Kleinen das Verhältnis von Judäa und Germania … Malwida leugnet durchaus den bösen Einfluß von Dr. Rée, welchen sie sehr gern hat … Auch bittet sie mich, Nietzsche nicht aufzugeben, aber ich habe für jeden Satz, den ich gelesen, einen Kommentar, und ich weiß, daß hier das Böse gesiegt hat. (KSA 15, 83f.)

Das Böse, die Aufklärung, das Judentum. Hier entsteht der intellektuelle Antisemitismus: Die Juden sezieren Werte, Begriffe, ja, zerstören das Ganze, die Ganzheit. Dies muß auch heute hellhörig machen, wenn neue Ganzheitlichkeitsapostel vor dem Kopf warnen und von der Intuition des Bauches sprechen und den Sinnen mehr vertrauen als der Vernunft.

In *Menschliches, Allzumenschliches* und den beiden sich anschließenden Büchern, der *Morgenröthe* und der *Fröhlichen Wissenschaft* (erschienen zwischen 1878 und 1882), macht Nietzsche sich, so der Untertitel der *Morgenröthe*, ›Gedanken über die moralischen Vorurtheile‹. Gegen die dogmatischen Systeme gewandt, bevorzugt Nietzsche jetzt die aphoristische Form. Nietzsche schreibt als freier Geist für Freigeister. Seine Kopfschmerzen, sein fast ständiges Kranksein lassen die Ausübung seines Berufes nicht mehr zu. 1879 bittet Nietzsche um Entlassung aus dem Universitätsdienst. Ein freier Geist, aber auch ein einsamer Wanderer zwischen den geistigen und wirklichen Welten, zwischen der Schweiz, Frankreich und Italien. Auf der Suche. In der *Fröhlichen Wissenschaft* schreibt er: »Auch die moralische Erde ist rund! Auch die moralische Erde hat ihre Antipoden! Auch die Antipoden haben ihr Recht des Daseins! Es giebt noch eine andere Welt zu entdecken – und mehr als eine! Auf die Schiffe, ihr Philosophen!« (KSA 3, 125)

Am Ende von Nietzsches – wie er sagt – »Freigeisterei«, dieser späten deutschen Aufklärung, steht die erschütternde Erfahrung vom Tode Gottes und die Frage nach dem Weiter. Wir stürzen fortwährend, es gibt kein Zentrum, keine verbindlichen und verbindenden Werte mehr. Wir sind allein. Allein, das war auch Nietzsche. Schon mit seinen Büchern für »freie Geister«, *Menschliches, Allzumenschliches*, der *Morgenröthe* mit dem bezeichnenden Untertitel ›Gedanken über die moralischen Vorurtheile‹ und der *Fröhlichen Wissenschaft* verlor Nietzsche fast alle Freunde, nicht nur diejenigen des Bayreuther Kreises. Neben Paul Rée hatte er vor allem in Lou Salomé noch einmal eine gleichberechtigte Gesprächspartnerin gewonnen, in die er sich verliebte. Müßig, heute darüber zu spekulieren, ob Nietzsches Schwester die Freundschaft zerstörte, oder ob es Nietzsche selber war oder Lou. Entscheidend bleibt, daß Nietzsche Lou und Lou Nietzsche verstanden hat, wie Mazzino Montinari schreibt und dann fordert: »geben wir diesen zwei Menschen ihre Autonomie zurück«. Sie liegt in den Gedanken, den Schriften, den Versuchen und dem Scheitern. Nach dem Scheitern der Freundschaft mit Lou Salomé und Paul Rée bleibt Nietzsche allein.

Scheitert *Zarathustra*? Er verwandelt sich fortwährend und verwandelte sich schon in den Vorstudien Nietzsches. Zur Zeit der Freundschaft mit Lou Salomé finden wir in den Notizbüchern Nietzsches einen weicheren Zarathustra; seine Härte, das was uns heute abschrecken kann und sollte, entsteht erst nach dem Bruch mit Lou. Und nur in diesem Zusammenhang kann nach dem biographischen Hintergrund gefragt werden.

Diese Notizbücher, der Nachlaß Nietzsches, sollten immer mitgelesen werden. Im Kommentarband der Kritischen Studienausgabe[1] gibt Mazzino Montinari die Verweise auf die Vorstufen des Zarathustra. Erst seit der Herausgabe der Historisch-Kritischen Gesamtausgabe[2] können wir wirklich dem Denken Nietzsches folgen, vorher blieb alles im Dickicht der Arbeiten des Weimarer-Nietzsche-Archivs hängen.

Texte und Fälschungen

Zügig wurden vom Weimarer-Nietzsche-Archiv – 1896 siedelte Elisabeth Förster-Nietzsche von Naumburg nach Weimar um und bezog die »Villa Silberblick« in der Humboldtstraße – die Texte des inzwischen berühmt gewordenen Philosophen verlegt. Weiterhin wurden auch Briefe Nietzsches der Öffentlichkeit vorgestellt. Und hier beginnt die Geschichte der Fälschungen: um sich nicht nur als Herausgeberin, sondern auch als Interpretin ihres Bruders zu legitimieren, adressierte Elisabeth Briefe um. Wenn Nietzsche zum Beispiel an einen Freund schreibt, »Du verstehst mich am besten«, so entfernte Elisabeth die Anrede z.B. durch das Verbrennen eines Teils des Briefes. Vielleicht mußte eine Frau am Ende des letzten Jahrhunderts fälschen, um ein bedeutendes Archiv aufzubauen, editorische Arbeiten zu leiten und Wissenschaftsmanagerin zu werden – die erste Deutschlands.

Ernster zu nehmen sind allerdings ihre inhaltlichen Eingriffe in die nachgelassenen Texte. Nietzsche-

[1] Friedrich Nietzsche, Sämtliche Werke. Kritische Studienausgabe in 15 Einzelbänden, hrsg. v. Giorgio Colli und Mazzino Montinari, Berlin, New York 1988, Bd. 14, S. 279–344 [Zuerst: München, Berlin/New York 1980]. Im folgenden zitiert als: KSA.

[2] Friedrich Nietzsche, Werke. Kritische Gesamtausgabe, begr. v. Giorgio Colli und Mazzino Montinari, weitergeführt von Wolfgang Müller-Lauter und Karl Pestalozzi, Berlin/New York 1967 ff.

Schüler Heinrich Köselitz, der über sein Pseudonym Peter Gast bekannt wurde, berichtet schon 1910 (in einem Brief) vom »Wahrheitssinn« Elisabeths:

... zu dem Capitel ›Der Wahrheitssinn der Frau Förster‹ muß ich Ihnen eines der Beispiele erzählen, die mir gerade vorschweben und mich lächeln machen. Lächeln – denn was sollte man als einstiger Archivmensch nicht alles mitvertreten, das man als anständiger Mensch eben nie vertreten kann. Als wir 1904 an dem II. Band der Biographie druckten, kam auch der Brief N[ietzsche]'s hinein, in welchem unser damals 29jähriger Kaiser für missfällige Äusserungen über Antisemiten und Kreuzzeitung belobt wird. Nun ist Ihnen bekannt, wie heftig Frau Förster danach brennt, den Kaiser für Nietzsche zu interessieren und ihn womöglich zu einer anerkennenden Äusserung über N.'s Tendenz zu bringen. Was thut sie zu diesem Zweck? (Bitte nehmen Sie Bd. II der Biogr. zur Hand.) Sie schiebt einen Satz ein, der in dem betreffenden Brief N.'s von Ende (nicht Anfang) Oktober 1888 gar nicht steht: – sie schreibt auf S. 890, Z. 9 v.u. den Satz hin ›*Der Wille zur Macht als Princip wäre ihm* (dem Kaiser) *schon verständlich!*‹ Sie erinnern sich, woher dieser Satz stammt: aus der Vorwort-Skizze zum *Willen zur Macht*, welche in Bd. XIV, S. 420 abgedruckt ist. Die Niederschrift dieser Skizze (auf dem inneren Wachstuch-Umschlag des Heftes W IX [= W II 1] stehend) gehört zu den schwierigsten Aufgaben der Nietzsche-Entzifferung. Vor mir hatten sich schon die Horneffers daran versucht; ihr Entzifferungstext wies aber mehr Lacunen als Worte auf. Nur gerade diesen Satz hatten sie vollständig hingeschrieben. Solche Vorarbeit wird dem, der sich als Zweiter darüberher macht, oft mehr zum Hemm-, als zum Förderniss. Genug: mir, als dem Zu-Ende-Entzifferer des Stücks, entging damals, dass die Horneffer'sche Entzifferung ›*Der Wille zur Macht als Princip wäre ihnen* (den Deutschen) *schon verständlich*‹ im Zusammenhang der Vorwort-Skizze keinesfalls richtig sein kann. Und wie ich im April

> vorigen Jahres das Heft W IX wieder in die Hand bekomme, bestätigt sich mein Verdacht, dass es ja fraglos ›*schwer verständlich*‹ statt ›*schon verständlich*‹ heissen müsse! – Ist der Witz nun nicht sehr gut, dass wenn Frau Förster exact sein wollte, sie jetzt drucken lassen müsste ›*der Wille zur Macht als Princip wäre ihm* (dem Kaiser) *schwer verständlich*‹?! (KSA 14, 743)

Dieses Dokument veröffentlichte Mazzino Montinari in seinem Kommentarband (KSA 14) und weist darauf hin, daß schon der erwähnte Brief Nietzsches »eine große Fälschung« sei.

Für den *Ecce homo* formulierte Nietzsche noch: »ich würde dem jungen deutschen Kaiser nicht die Ehre zugestehen, mein Kutscher zu sein« (KSA 6, 268).

In dem vom Nietzsche-Archiv herausgegebenen *Ecce homo* fehlt dann konsequent nicht nur dieser Satz, sondern der gesamte Abschnitt 3 des ersten Kapitels. Noch die Edition von Karl Schlechta (s. nächste Seite) veröffentlicht den gefälschten *Ecce homo*. Nietzsche verkündet in diesem Abschnitt öffentlich einen Bruch mit Schwester und Mutter, gegen den die spätere »autorisierte« Herausgeberin sich schwerlich hätte legitimieren können:

> Die Behandlung, die ich von seiten meiner Mutter und Schwester erfahre, bis auf diesen Augenblick, flösst mir ein unsägliches Grauen ein: hier arbeitet eine vollkommene Höllenmaschine, mit unfehlbarer Sicherheit über den Augenblick, wo man mich blutig verwunden kann – (ebd.).

Die folgenreichste Arbeit des Archivs war die Herausgabe des ›Willen zur Macht‹. Aus dem reichhaltigen Nachlaßmaterial – und unter inkonsequenter Verwendung einer der vielen fallengelassenen Gliederungen Nietzsches – kompilierten die Herausgeber Peter Gast, Ernst und August Horneffer 483 numerierte

Stücke. Dieser erste ›Willen zur Macht‹ erschien 1901 als Band 15 der *Großoktavausgabe* (Leipzig 1894ff.). 1906 gaben Elisabeth Förster-Nietzsche und Peter Gast einen ›Willen zur Macht‹ heraus (Bände 9 und 10 der *Taschen Ausgabe*), der plötzlich mehr als doppelt so viele Aphorismen enthielt; einige aus der ersten Ausgabe fehlten, andere wiederum wurden verändert. Diese Kompilation wird zur Grundlage eines dritten ›Willen zur Macht‹, der einige »unwesentliche Änderungen und Ergänzungen« vornimmt. 1911 erscheint so – wieder unter einem anderen Herausgeber, Otto Weiss, – die noch heute bekannte Version mit nunmehr 1067 Aphorismen (anstelle des ersten ›Willen zur Macht‹ in die *Großoktavausgabe* aufgenommen). Welche dieser Fassungen sollte nun als das »Hauptprosawerk« Nietzsches gelten?

Wessen Texte lesen wir?

Schon die erste in Angriff genommene *Historisch-Kritische-Gesamtausgabe*, die ab 1934 vom Weimarer Archiv herausgegeben wurde, mußte im Vorwort darauf hinweisen, daß der »Wille zur Macht« nicht in die Edition mit aufgenommen werden könne – weil es ihn als Werk Nietzsches nicht gebe.

In den fünfziger Jahren entbrannte im Anschluß an die Edition von Karl Schlechta[3] noch einmal ein absurder Gelehrtenstreit um den sogenannten »Willen zur Macht«. Karl Schlechta hatte den »Text« unter dem korrekten Titel ›Aus dem Nachlaß der achtziger Jahre‹ herausgegeben. Dies ging dann all denjenigen zu weit, die sich einen deutschen Philosophen ohne

[3] Karl Schlechta (Hrsg.), Friedrich Nietzsche, Werke in drei Bänden, München bzw. Darmstadt o.J. [1954ff.].

systematisches Hauptwerk nicht vorstellen konnten.

Aber erst der italienische Nietzsche-Herausgeber Mazzino Montinari konnte den gesamten Nachlaß der achtziger Jahre in zeitlicher Anordnung herausgeben, bereinigt von allen Fälschungen. Noch immer jedoch – auch und gerade seit der großen Ausgabe von Colli und Montinari – ist es nicht leicht, Nietzsche zu lesen: erschließen doch oft erst die Kommentarbände den Text und decken auf, daß wir häufig ganz andere Autoren unter dem Namen Nietzsche lesen.

So übersetzt sich z.B. Nietzsche in der Bibliothek von Nizza eine Passage aus dem Werk des französischen Physiologen Charles Féré. Nietzsche notiert sich: »Féré p.89« (KSA 13, 429). Diesen Zusatz ließen vor Colli und Montinari die Weimarer Herausgeber noch weg – und ein siebenseitiges Kapitel aus dem Buch ›Dégénérescence et criminalité‹ wird zu einem Text Nietzsches. Oder wir lesen Auszüge aus Lawrence Sternes ›Tristram Shandy‹ und bewundern die Intellektualität des fünfzehnjährigen Nietzsche: »Elisabeth Förster-Nietzsche (machte) aus den Tristram Shandy-Exzerpten authentische philosophische Reflexionen des jungen Nietzsche«[4].

»Sämtliche Werke Nietzsches« – schreibt Mazzino Montinari – »von *Menschliches, Allzumenschliches* an, also auch die *Morgenröthe*, entziehen sich einer Systematisierung.« Sie sind offen, sie suchen »die Befreiung des Geistes« (M M, 80). Die Befreiung vom Werk? Und der *Zarathustra*? Nach der positiven Auflehnung gegen die ästhetisierenden, dekadenten Bayreuther Tendenzen sucht Nietzsche nun nach einer Bejahung.

[4] Mazzino Montinari, Friedrich Nietzsche. Eine Einführung, Berlin, New York 1991, S. 16 [Zuerst: Che cosa ha ›veramente‹ detto Nietzsche, Roma, 1975]. Im folgenden zitert als: MM.

Am Ende seiner Freigeisterei steht die Erfahrung des Todes Gottes, die Verzweiflung des »tollen Menschen« über die allgemeine Gleichgültigkeit. Der »tolle Mensch« heißt in einer früheren Fassung »Zarathustra«. Im letzten Aphorismus der *Fröhlichen Wissenschaft* erscheint dann Zarathustra selbst. Für die Form des *Zarathustra* gibt es kein Vorbild, auch nicht die Bibel. Und es wäre müßig, nach einem zu suchen.

Zarathustra kann als der letzte Versuch gelten, die Krise der Moderne durch ein geschlossenes Werk zu bannen. Das macht den *Zarathustra* zugleich so anziehend und abstoßend, so beeindruckend in seiner Kraft der Auflehnung, so gefährlich durch die Radikalität seiner Superlative. Dabei geht es Nietzsche um die Möglichkeit des Lebens nach dem Tod aller Sicherheiten. Die ewige Wiederkehr des Gleichen ohne die Möglichkeit, die Grenzen dieser Welt zu überschreiten, das Aushalten dieses Gedankens als höchste Anforderung, ist Nietzsches Antwort.

Der vierte Teil des *Zarathustra* bleibt verborgen und wird auch 1887 nicht in die einbändige Ausgabe aufgenommen. Gibt es nach dem *Zarathustra*, den Nietzsche auch als »Vorhalle« zu seiner Philosophie bezeichnet, Nietzsches Philosophie? Den »Willen zur Macht«? Aber schon 1932 forderte Tucholsky: »Wir wollen nicht die Werke Lieschen Försters, sondern die Werke Friedrich Nietzsches lesen«. Doch es gibt nicht *den* Text. Schicht für Schicht finden wir einen anderen. Ein Laboratorium gefährlicher Experimente. Nietzsche ist ein besessener Leser, greift jeden Satz des 19. Jahrhunderts auf und denkt ihn radikal zu Ende. Darunter auch Sätze über Wert und Unwert des Lebens, die von den Nationalsozialisten mühelos abgeschrieben werden konnten. Hier brauchte niemand zu fälschen, alles war rezipierbar, ein offenes Buch aller Tendenzen, eine Collage? Ein Fall für Philologen und kritische Leser, herauszufinden, *wen* wir lesen:

Elisabeth statt Friedrich, Féré statt Nietzsche oder Baudelaire, Tolstoi, die Gebrüder Goncourts, Renan, Afrikan Spir, Maximilian Drossbach …

Nietzsches Werkstatt

»Zehn Tage genügten; ich habe in keinem Falle, weder beim ersten, noch beim dritten und letzten mehr gebraucht« (KSA 6, 341) schreibt Nietzsche über die Entstehung seines *Zarathustra*. Dieser Satz begründete den Mythos über den Schöpfungsprozeß des Zarathustra. Und Nietzsche hatte recht. Die Niederschrift der einzelnen Teile wird tatsächlich kaum mehr Zeit in Anspruch genommen haben. Freilich, wenn Nietzsche sich zu einem bestimmten Zeitpunkt entschloß, für den Druck zu schreiben, lag immer eine längere Periode des Lesens, des Schreibens, des Experimentierens mit Gedanken hinter ihm. Dies gilt für alle Werke, auch für den Zarathustra – auch wenn dieses Buch so gänzlich aus dem Rahmen der übrigen Schriften Nietzsches zu fallen scheint.

Die erste Erwähnung des Namens Zarathustra stammt aus dem August 1881. Unter dem Titel ›Mittag und Ewigkeit. Fingerzeige zu einem neuen Leben‹ (KSA 9, 519) ist bereits vom dreißigjährigen Zarathustra und dessen zehn Jahre währende Einsamkeit die Rede. Nietzsche plant hier schon vier Bücher und spricht – für das erste Buch – vom »Stile des ersten Satzes der neunten Symphonie« (ebd.). Ihm ist also die »musikalische« Gestaltung des späteren *Zarathustra* – »Man darf vielleicht den ganzen Zarathustra unter die Musik rechnen« (KSA 6, 335) – schon Programm.

Nietzsches Arbeitsweise bei der Vorbereitung des Zarathustra änderte sich nicht wesentlich. Dies zeigen die Vorarbeiten an vielen Passagen des Buches. Diese

Vorläufer sind Texte, die unterwegs zum Aphorismus sind. Sie sind Zwischenstationen eines Prozesses. Ausgehend vom Notieren seiner Einfälle und Stoffsammlungen gelangt Nietzsche zu einem rohen Text, dessen Umarbeitung, Verdichtung und Präzisierung dann zu der komprimierten, geistreichen und brilliant formulierten Ausdrucksform führt, die Nietzsche seit *Menschliches, Allzumenschliches* weiterentwickelt. Zum Formenrepertoire der Bücher neben dem *Zarathustra* gehören solche Aphorismen, die einige Absätze Text umfassen und selten länger als eine Buchseite sind, daneben aber auch Reime und freie Sentenzen.

Ein Textvergleich zeigt beispielsweise, daß Nietzsche auch in das erste Buch des *Zarathustra* eine komplett ausformulierte Sentenzensammlung einarbeitete, die er für Lou Andreas-Salomé zusammengestellt hatte. Der Text des *Zarathustra* zerfällt dort bei näherem Hinsehen in eine Sammlung thematisch zusammengehöriger Sentenzen. Ein Beispiel:

> Mancher wird auch für seine Wahrheiten und Siege zu alt; ein zahnloser Mund hat nicht mehr das Recht zu jeder Wahrheit.
>
> Und Jeder, der Ruhm haben will, muss sich beizeiten von der Ehre verabschieden und die schwere Kunst üben, zur rechten Zeit zu – gehn.
>
> Man muss aufhören, sich essen zu lassen, wenn man am besten schmeckt: das wissen Die, welche lange geliebt werden wollen. […]. (Z, Vom freien Tode, 94)

Wird das »Und« vor dem zweiten Satz gestrichen, bleibt vom Zusammenhang des Textes kaum mehr übrig als ein den Sätzen gemeinsamer Themenkreis. Die drei sonst unabhängigen Sentenzen könnten statt aus dem *Zarathustra* aus den *Vermischte[n] Meinungen und Sprüche[n]* in *Menschliches, Allzumenschliches* stammen.

Nietzsche protokollierte ständig, auch auf seinen ausgedehnten Spaziergängen, seine Gedanken, schrieb seine Notizen erneut ab, stellte sich aus alten Notizbüchern Sentenzensammlungen zusammen, ließ Zarathustra zum Sprecher dieser Sentenzen werden, verwarf diese Idee wieder und nahm später dafür Teile aus einer Sammlung, nur leicht verändert, wieder für den endgültigen *Zarathustra* auf.

Ausgelöst wird sein Nachdenken immer wieder durch Lektüre. Nietzsche als Leser, seine in Weimar vorbildlich aufgehobene und zugängliche Bibliothek (als Teil der Herzogin-Anna-Amalia-Bibliothek) ist noch immer zu wenig bekannt. »Was aber«, so Mazzino Montinari auf die Frage, ob Nietzsche überhaupt Bücher gelesen habe, »soll jemand, der so gut wie blind ist, denn tun als lesen.« Die Berge des Engadins wird Nietzsche nur schemenhaft gesehen haben, Museen besuchte er nicht. Und Nietzsche las vor allem zeitgenössische Literatur. Selbst der Name Zarathustra (üblich war Zoroaster) entspringt der Lektüre.

Wenn man parallel zum *Zarathustra* den Kommentar von Marie-Luise Haase[5] und den von Mazzino Montinari (KSA, Bd. 14) liest, erschließt man sich nicht nur die Arbeitsweise Nietzsches, sondern häufig auch den Text. Durch den Kommentar und das weitere Verfolgen eines Gedankens können wir Schicht für Schicht abtragen; manchmal stößt man auf einen anderen Autor, manchmal auf eine entscheidende Variante, einen Entwurf, eine Streichung, die den ge-

[5] Friedrich Nietzsche, Werke. Kritische Gesamtausgabe, begr. v. Giorgio Colli und Mazzino Montinari, weitergeführt von Wolfgang Müller-Lauter und Karl Pestalozzi, Berlin/New York 1991, Sechste Abteilung, Vierter Band: Marie-Luise Haase und Mazzino Montinari, Nachbericht zum ersten Band der sechsten Abteilung: Also sprach Zarathustra.

druckten Satz erst deutlich macht. Dieser Blick in seine Werkstatt und in seine Bücher entmythologisiert den Dichter und macht uns zum Dialogpartner eines aktuellen Philosophen, dessen Philosophie aus einem Dialog mit seiner Zeit besteht, die noch immer die unsrige ist.

Ein neues Schwergewicht

»Ich will das Leben nicht *wieder*«, notiert Nietzsche sich 1882/83. »Wie habe ich's ertragen? Schaffend. Was macht mich den Anblick aushalten? der Blick auf den Übermenschen, der das Leben bejaht. Ich habe versucht, es selber zu bejahen – Ach!« (KSA 10, 137). Um die Bejahung des Lebens geht es Zarathustra, das ist das Ziel seiner Wanderschaft. Die ewige Wiederkehr ist das Zentrum – *so* zu leben, daß alles wiederkehren kann, die ethische Folgerung. Der vorletzte Aphorismus der *Fröhlichen Wissenschaft*, des Buches vor dem *Zarathustra*, faßt diesen schwersten Gedanken zusammen:

> *Das grösste Schwergewicht.* – Wie, wenn dir eines Tages oder Nachts, ein Dämon in deine einsamste Einsamkeit nachschliche und dir sagte: ›Dieses Leben, wie du es jetzt lebst und gelebt hast, wirst du noch einmal und noch unzählige Male leben müssen; und es wird nichts Neues daran sein, sondern jeder Schmerz und jede Lust und jeder Gedanke und Seufzer und alles unsäglich Kleine und Große deines Lebens muss dir wiederkommen, und Alles in der selben Reihe und Folge – und ebenso diese Spinne und dieses Mondlicht zwischen den Bäumen, und ebenso dieser Augenblick und ich selber. Die ewige Sanduhr des Daseins wird immer wieder umgedreht – und du mit ihr, Stäubchen vom Staube!‹ – Würdest du dich nicht niederwerfen und mit

> den Zähnen knirschen und den Dämon verfluchen, der so redete? Oder hast du einmal einen ungeheuren Augenblick erlebt, wo du ihm antworten würdest: ›du bist ein Gott und nie hörte ich Göttlicheres!‹ Wenn jener Gedanke über dich Gewalt bekäme, er würde dich, wie du bist, verwandeln und vielleicht zermalmen; die Frage bei Allem und Jedem ›willst du diess noch einmal und noch unzählige Male?‹ würde als das grösste Schwergewicht auf deinem Handeln liegen! Oder wie müsstest du dir selber und dem Leben gut werden, um nach Nichts *mehr zu verlangen*, als nach dieser letzten ewigen Bestätigung und Besiegelung? – (KSA 3, 570)

Der letzte Aphorismus kündigt dann *Zarathustra* an, vielleicht als Antwort auf die Frage, die Nietzsche 1881 stellte:

> Wird man vielleicht uns einstmals nachsagen, dass auch wir, *nach Westen steuernd, ein Indien zu erreichen hofften*, – dass aber unser Loos war, an der Unendlichkeit zu scheitern? Oder, meine Brüder? Oder? – (KSA 3, 331)

Ein Buch für Alle und Keinen?

Das Erscheinen des *Zarathustra*

> Im Winter darauf [1883/84], unter dem halkyonischen Himmel Nizza's, der damals zum ersten Male in mein Leben hineinglänzte, fand ich den dritten Zarathustra – und war fertig. (KSA 6, 341)

Die ersten drei Teile des *Zarathustra* erscheinen einzeln zwischen 1883 und 1885. Dem ersten Buch war bei seinem Erscheinen nicht anzusehen, daß weitere Teile folgen würden. Nietzsche selbst entschloß sich wohl erst nach der Veröffentlichung dieses Buches dazu, weitere Teile zu verfassen. Für das vierte Buch des *Zarathustra* fand sich kein Verleger. Nietzsche läßt es privat in vierzig Exemplaren drucken. Das Titelblatt enthält den Hinweis: ›Vierter und letzter Theil‹.

Der Gesamtplan zum *Zarathustra* ändert sich ständig. Zwischenzeitlich werden in Nietzsches Notizen auch ein fünftes und sechstes Buch erwähnt. Noch nach Abschluß des vierten Buches entsteht ein Buchplan für ein weiteres, der unausgeführt bleibt.

Schon im Rahmen der Konzeption des vierten Teiles denkt Nietzsche daran, diesen als eine Sammlung von Gedichten zu gestalten. Er ergänzt die Gesänge, welche den dort auftretenden Gestalten in den Mund gelegt werden, später durch weitere und hinterläßt nach seinem Turiner Zusammenbruch 1889 das druckfertige Manuskript der *Dionysos-Dithyramben* – trotz Nietzsches Entschluß: »Ich will reden, und nicht mehr Zarathustra« (KSA 11, 83) zeigt sich die Schwierigkeit, einen Schlußpunkt unter das Werk zu setzen.

›Ein Buch für Alle und Keinen‹ – schon die Veröffentlichung des ersten Teils trägt den merkwürdigen Untertitel. Nicht nur die Form des Werkes entzieht sich der Einordnung, auch die Leserschaft, welcher Nietzsche den *Zarathustra* widmet, läßt sich nicht fassen. An wen wendet sich Nietzsche, zu wem spricht Zarathustra?

> Als ich zum ersten Male zu den Menschen kam, da that ich die Einsiedler-Thorheit, die grosse Thorheit: ich stellte mich auf den Markt.
>
> Und als ich zu Allen redete, redete ich zu Keinem. Des Abends aber waren Seiltänzer meine Genossen, und Leichname; und ich selber fast ein Leichnam. (Z, Vom höheren Menschen, 356)

Die Formulierung spielt auf den Untertitel des Buches an, gleichzeitig verweist das Zitat auf ›Zarathustra's Vorrede‹, den ersten Abschnitt des Buches. Dort scheitert Zarathustras Ansprache, die er auf dem Marktplatz an ein großes Publikum richtet.

Die Veröffentlichung seines Buches, so deutet es der Untertitel an, könnte Nietzsche selbst als eine »Einsiedler-Thorheit« erschienen sein.

Schon vor der zitierten Stelle findet sich eine Anspielung auf den Untertitel:

> Du [Zarathustra] warntest vor seinem Irrthum, du warntest als der Erste vor dem Mitleiden – nicht Alle, nicht Keinen, sondern dich und deine Art. (Z, Der hässlichste Mensch, 330)

Nietzsche selbst muß sich stattdessen an »Alle und Keinen« wenden. Zarathustra und seine Art stehen ihm als Adressaten nicht zur Verfügung. Im Buch drückt sich eine Einsamkeit aus, die auch Nietzsches eigene war. Immer wieder kehrt Zarathustra in seine Einsamkeit zurück, die er dankbar begrüßt, aus der er sich aber auch sehnsüchtig wieder zu seinen »Kindern« wünscht. Nietzsche selbst bezeichnet die Einsamkeit, die das ›Buch für Alle und Keinen‹ bestimmt, als eine Einsamkeit der Distanz:

> [...] das ist Alles das Wenigste und giebt keinen Begriff von der Distanz, von der *azurnen* Einsamkeit, in der dies Werk lebt. Zarathustra hat ein ewiges Recht zu sagen: ›ich schliesse Kreise um mich und heilige Grenzen; immer Wenigere steigen mit mir auf immer höhere Berge, – ich baue ein Gebirge aus immer heiligeren Bergen.‹ (KSA 6, 343)

Eine neue Bibel?

»Dies Buch, mit einer Stimme über Jahrtausende hinweg, ist nicht nur das höchste Buch, das es giebt, [...] es ist auch das tiefste [...]« (KSA 6, 259) – Nietzsches Selbstkommentar zum *Zarathustra* ist auch noch knapp vier Jahre nach dem Abschluß des vierten Teils euphorisch. Während der Arbeit am Druckmanuskript von *Ecce homo* wird er in einem Brief an Paul Deussen noch deutlicher:

> Darin [in *Ecce homo*] wird zum ersten Mal Licht über mein *Zarathustra* gemacht, das erste Buch aller Jahrtausende, die Bibel der Zukunft, der höchste Ausbruch des menschlichen Genius, in dem das Schicksal der Menschheit einbegriffen ist. (KSA 15, 188)

Der *Zarathustra* als Bibel der Zukunft, als heiliges Buch – es scheint fast unglaublich, daß Nietzsche eine solche Einschätzung getroffen oder je beabsichtigt haben sollte, eine neue Bibel zu schreiben.

Die drei Bücher vor dem Zarathustra: *Menschliches, Allzumenschliches, Morgenröthe, Fröhliche Wissenschaft* radikalisieren die europäische Aufklärung:

> Ein Irrthum nach dem anderen wird gelassen aufs Eis gelegt, das Ideal wird nicht widerlegt – *es erfriert* ... Hier zum Beispiel erfriert ›das Genie‹; eine *Ecke* weiter erfriert ›der Heilige‹; unter einem dicken Eiszapfen erfriert ›der Held‹; am Schluss erfriert ›der Glaube‹, die sogenannte ›Überzeugung‹, auch das ›Mitleiden‹ kühlt sich bedeutend ab – [...]. (KSA 6, 323)

In einer nach dem *Zarathustra* verfaßten Vorrede zu *Menschliches, Allzumenschliches* (1886) wünscht sich Nietzsche leidenschaftlich »freie Geister«. *Zarathustra*, verstanden als neues heiliges Buch, wirkt dazwischen wie eine Entgleisung.

Mazzino Montinari spricht von einer Fehleinschätzung des Buches durch Nietzsche selbst:

> Nietzsches Irrtum in bezug auf seinen Zarathustra ist, daß er glaubte, der Menschheit ein neues heiliges Buch zu geben. Dieser Irrtum wurde durch die Blindheit seines ersten ›Schülers‹, Peter Gast, begünstigt. Sein zweiter Irrtum war, an die Unverständlichkeit des Z[arathustra] zu glauben, ja sich darüber zu freuen. Zarathustra ist kein heiliges Buch, Zarathustra ist kein unverständliches Buch, kein Buch für Eingeweihte, wofür es sehr schnell gehalten wurde von denen, die – wie Gast – sich unkritisch selbst als ›Ausnahmen‹, als Eingeweihte betrachten konnten.[6]

[6] Mazzino Montinari, Notizen aus dem Jahre 1967 zu ›Also sprach Zarathustra‹; das Handwerk des Pilogen. In: Nietzsche-Studien Bd. 18, 1989, LXIX. Im folgenden zitiert als: M M, Notizen.

Noch über diese Einschätzung hinausgehend fragt sich, ob Nietzsche den ersten Irrtum wirklich beging. Vieles spricht dafür, daß er mit dem Ausdruck »neue Bibel« sein Buch gar nicht heilig sprechen will, sondern die Einzigartigkeit, die sehnsüchtig erhoffte Wirkung und gerade die antireligiöse Haltung seines Werkes bezeichnet.

In *Ecce homo* dementiert Nietzsche, daß Zarathustra ein neuer Religionsgründer ist:

> Hier redet kein ›Prophet‹, keiner jener schauerlichen Zwitter von Krankheit und Willen zur Macht, die man Religionsstifter nennt. (KSA 6, 259)

> Ist Zarathustra mit Alledem nicht ein *Verführer*? ... Aber was sagt er doch selbst, als er zum ersten Male wieder in seine Einsamkeit zurückkehrt? Genau das Gegentheil von dem, was irgendein ›Weiser‹, ›Heiliger‹, ›Welt-Erlöser‹ und andrer décadent in einem solchen Falle sagen würde ... (KSA 6, 260)

Wenn aber durch den Mund Zarathustras kein Prophet, Heiliger, Weiser oder Welt-Erlöser redet, warum finden sich in Nietzsches Buch so viele stilistische Anlehnungen an heilige Bücher, warum so viele – oft nur leicht abgeänderte – Bibelzitate? Neben die – vielleicht vorschnelle – Erklärung, Nietzsche könnte einen weihe- und würdevollen Ton für sein neues heiliges Buch gesucht haben, läßt sich ein weiterer Selbstkommentar aus *Ecce homo* stellen:

> Ein andres Ideal läuft vor uns her [...]: das Ideal eines Geistes, der naiv, das heisst ungewollt und aus überströmender Fülle und Mächtigkeit mit Allem spielt, was bisher heilig, gut, unberührbar, göttlich hiess; [...] das Ideal eines menschlich – übermenschlichen Wohlseins und Wohlwollens, welches oft genug *unmensch-*

> *lich* erscheinen wird, zum Beispiel, wenn es sich neben den ganzen bisherigen Erdenernst, neben alle bisherige Feierlichkeit in Gebärde, Wort, Klang, Blick, Moral und Aufgabe wie deren leibhafteste unfreiwillige Parodie hinstellt – [...] (KSA 6, 338f.)

Was Nietzsche hier vom »Ideal eines Geistes« schreibt, läßt sich nicht nur auf die Figur, sondern auch auf das Buch *Zarathustra* beziehen. Nietzsche selbst gibt einen anspielungsreichen Hinweis: Jener erste, mit dem Anfang des *Zarathustra* fast textgleiche Aphorismus der *Fröhlichen Wissenschaft*, in dem Nietzsche die Gestalt Zarathustra vorstellt, ist überschrieben ›Incipit tragoedia‹ (KSA 3, 571) – die Tragödie beginnt, eine Überschrift, die ihr Echo am Ende der Textstelle findet: ›Also begann Zarathustra's Untergang‹. 1886, also nach der Fertigstellung des *Zarathustra*, schreibt Nietzsche eine Vorrede zur zweiten Ausgabe der *Fröhlichen Wissenschaft*. Dort spielt er auf diesen Aphorismus und zugleich indirekt auf den nach der *Fröhlichen Wissenschaft* veröffentlichten *Zarathustra* an.

> ›Incipit *tragoedia*‹ – heisst es am Schlusse dieses bedenklich-unbedenklichen Buchs: man sei auf seiner Hut! Irgend etwas ausbündig Schlimmes und Boshaftes kündigt sich an: incipit *parodia*, es ist kein Zweifel ... (FW 346)

»Incipit *parodia*« – die Parodie fängt an; das »ausbündig« Schlimme und Boshafte sind das Buch und die Gestalt Zarathustra, genau in dem Sinne, in dem Nietzsche in *Ecce homo* von der Parodie auf alles spricht, was bisher heilig war.

Die vielen biblischen Stilmittel in *Zarathustra*, der pseudo-religiöse Charakter mancher Passage können so verstanden werden, daß Nietzsche beabsichtigte, auch stilistisch mit allem zu spielen, was bisher heilig war.

Der Stil

Es ist wohl angebracht, eine Bemerkung darüber zu machen, weshalb der Stil des *Zarathustra* Anlaß zum Nachdenken geben kann. Eine besonders bildreiche oder »dramatische« Sprache gebrauchten auch andere damalige philosophische Schriftsteller. Niemand käme heute auf die Idee, davon irritiert zu sein. Hätte Nietzsche nur dieses eine Buch geschrieben – Anmerkungen zum Stil des *Zarathustra* wären Randbemerkungen.

Nun lassen sich aber andere Werke, wie *Menschliches, Allzumenschliches*, die *Morgenröthe* oder die *Fröhliche Wissenschaft* neben den *Zarathustra* stellen. Die Texte dieser Werke sind knappe, brilliante Prosastücke. Erst der Vergleich gibt Anlaß zum Erstaunen. Vielleicht wäre auch dies noch nicht genug Grund dazu, bei einer Beschäftigung mit Nietzsches Gedanken auf den Stil Rücksicht zu nehmen, in dem er sie äußert. Entscheidend aber ist, daß Nietzsche selbst den Stil zu einem wichtigen Gegenstand seiner philosophischen Auseinandersetzung machte, daß für ihn gewissermaßen Stilfragen zum Gegenstand der Philosophie wurden.

Die Arbeit an *Menschliches, Allzumenschliches* war auch eine intensive Auseinandersetzung mit der eigenen sprachlichen Ausdrucksform. Diese Auseinandersetzung findet ihren Niederschlag in vielen Aphorismen zum Stil. Die Arbeit am Stil stellt sich dar als Arbeit am Gedanken:

> *Den Gedanken verbessern.* – Den Stil verbessern – das heisst den Gedanken verbessern, und gar Nichts weiter! – Wer diess nicht sofort zugiebt, ist auch nie davon zu überzeugen. (KSA 2, 610).

In einer bemerkenswerten Abwandlung dieser Überlegung erscheint die Verbesserung des Gedankens zugleich als eine Verbesserung seiner Mitteilbarkeit, und jene erhält Gewicht als Vorbedingung einer – europäischen – Verständigung freier Geister:

> Besser schreiben aber heisst zugleich auch besser denken; immer Mittheilenswertheres erfinden und es wirklich mittheilen können; übersetzbar werden für die Sprachen der Nachbarn; [...] Wer das Gegentheil predigt, sich *nicht* um das gut-Schreiben und gut-Lesen zu kümmern – beide Tugenden wachsen mit einander und nehmen mit einander ab –, der zeigt in der That den Völkern einen Weg, wie sie immer noch mehr *national* werden können: er vermehrt die Krankheit dieses Jahrhunderts und ist ein Feind der guten Europäer, ein Feind der freien Geister. (KSA 2, 592f.)

Menschliches, Allzumenschliches, das »Buch für freie Geister«, untergräbt jeden Dogmatismus, setzt Aufklärung als radikalen Zweifel fort. Der schlichte, klare Stil gehört zum Programm: er bedeutet den Verzicht auf eine Wirkung, die zur Überzeugungskraft der Gedanken etwas hinzutun will.

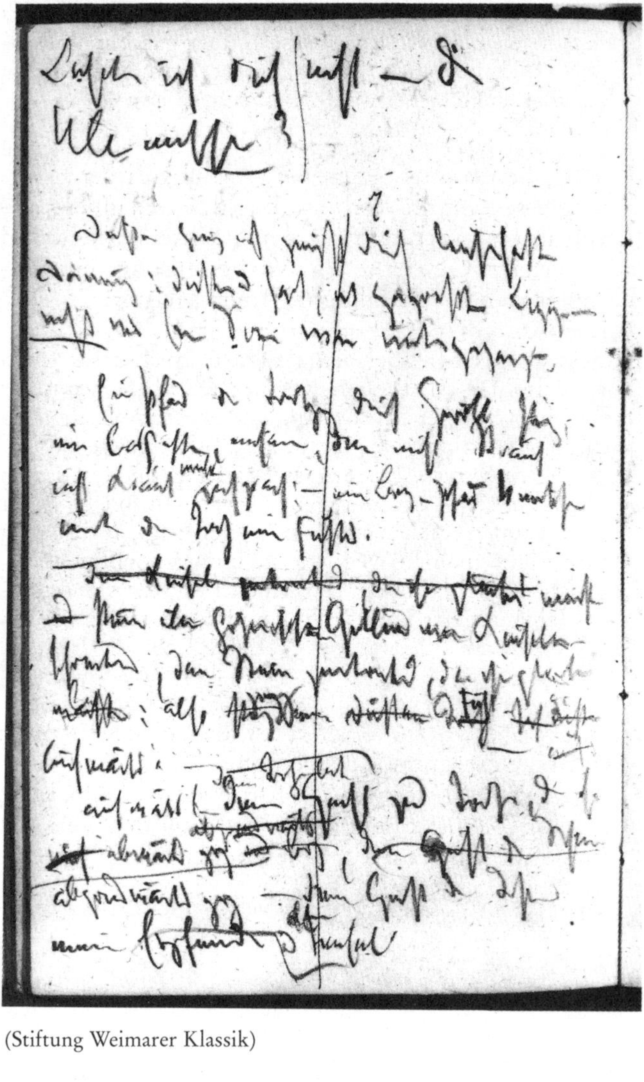

(Stiftung Weimarer Klassik)

> *Gegen Bilder und Gleichnisse.* – Mit Bildern und Gleichnissen überzeugt man, aber beweist nicht. Deshalb hat man innerhalb der Wissenschaft eine solche Scheu vor Bildern und Gleichnissen; man will hier gerade das Überzeugende, das *Glaublich*-Machende *nicht* und fordert vielmehr das kälteste Misstrauen auch schon durch die Ausdrucksweise und die kahlen Wände heraus: weil das Misstrauen der Prüfstein für das Gold der Gewissheit ist. (KSA 2, 614)

Spätestens hier stellt sich die Frage nach dem Stil des *Zarathustra* dringend und irritierend: Zarathustra redet fast ausschließlich in Bildern und Gleichnissen. Der Skandal daran ist, daß Nietzsche offensichtlich wußte, was er tat: Ist also der *Zarathustra* ein bewußtermaßen auf stilistische »Überzeugung« angelegtes Buch, ein Buch, das den »Prüfstein für das Gold der Gewissheit« scheuen muß?

Nietzsche selbst nimmt mit einer späteren Äußerung in *Ecce homo* eine andere Deutung seines Stils für sich in Anspruch. Wichtig ist, daß auch diese schon in *Menschliches, Allzumenschliches* vorbereitet wird. Dort findet sich ein kleiner Textabschnitt, der als eine Utopie des Stils überschrieben werden könnte:

> *Die Lehre vom besten Stile.* – Die Lehre vom Stil kann einmal die Lehre sein, den Ausdruck zu finden, vermöge dessen man jede Stimmung auf den Leser und Hörer überträgt; sodann die Lehre, den Ausdruck für die wünschenswertheste Stimmung eines Menschen zu finden, deren Mittheilung und Uebertragung also am meisten zu wünschen ist: [...] Diess wird die Lehre vom besten Stile sein: er entspricht dem guten Menschen. (KSA 2, 593)

Das Kriterium der Mitteilungskraft ist geblieben, ja weiterentwickelt zu dem einer »Uebertragung« der »wünschenswerthesten Stimmung«. Gegenüber dem

Vorwurf eines propagandistischen Stils nimmt Nietzsche für sich in Anspruch, daß der *Zarathustra* den Versuch darstellt, eine »Stimmung« mitzuteilen, und zwar eine so ungewöhnliche Stimmung, daß dieser Versuch besondere Stilmittel erforderlich macht. Nietzsche schreibt in *Ecce homo*:

> Einen Zustand, eine innere Spannung von Pathos durch Zeichen, eingerechnet das tempo dieser Zeichen, *mitzutheilen* – das ist der Sinn jedes Stils; und in Anbetracht, dass die Vielheit innerer Zustände bei mir ausserordentlich ist, giebt es bei mir viele Möglichkeiten des Stils [...] *Gut* ist jeder Stil, der einen inneren Zustand wirklich mittheilt, der sich über die Zeichen, über das tempo der Zeichen, über die *Gebärden* – [...] – nicht vergreift. [...] Immer noch vorausgesetzt, dass es Ohren giebt – dass es Solche giebt, die eines gleichen Pathos fähig und würdig sind, dass die nicht fehlen, denen man sich mittheilen *darf*. – Mein Zarathustra zum Beispiel sucht einstweilen noch nach Solchen – ach! er wird noch lange zu suchen haben! (KSA 6, 304)

Der halkyonische Ton

Nietzsches späterem Kommentar nach wäre der Stil des *Zarathustra* also der Versuch, einen besonderen inneren Zustand mitzuteilen. Ausgeschlossen bleiben aber diejenigen, die keines »gleichen Pathos fähig und würdig sind«. Hierin spricht sich wieder das Motiv des, wenn schon nicht heiligen, so doch esoterischen Buches »für Alle und Keinen« aus: Nicht-Eingeweihten bleibt der Zugang verwehrt. Der Stil erhält in diesem Rahmen eine neue auslesende Funktion. Solche Überlegungen sind ärgerlich. *Eine* Haltung ist es, Nietzsche seine Aussage vom esoterischen Charakter des Buches abzunehmen. Interessanter ist es, ihm gerade hierin nicht zu folgen und die Unverständlichkeit des *Zarathustra* für Nichteingeweihte schlicht zu leugnen. Folgsame, brave Leser wünschte sich Nietzsche ohnehin nicht:

> Wenn ich mir das Bild eines vollkommenen Lesers ausdenke, so wird immer ein Unthier von Muth und Neugierde daraus, ausserdem noch etwas Biegsames, Listiges, Vorsichtiges, [...]. (KSA 6, 303)

Die Stelle liest sich als Anregung für Neugierige, sich nicht abschrecken zu lassen, sie liest sich auch als Aufforderung herauszufinden, was Nietzsche damit meint, wenn er von solchen redet, »die eines gleichen Pathos fähig und würdig sind«.

Die Formulierung deutet jedenfalls darauf hin, daß eine Reduzierung des *Zarathustra* auf die bloße Sentenzensammlung, auf die Entwürfe der Vorstufen, auf zentrale Gedanken zu kurz greifen dürfte, obwohl alle diese Ansätze wichtige Aspekte einer umfassenden Interpretation darstellen. Ausgehend von den Überlegungen zum Stil läßt sich nun ein weiterer Aspekt anfügen: Der irritierende Stil soll – Nietzsches Kommentar nach – etwas mitteilen, das sich nicht in den geäußerten Gedanken erschöpft: einen »inneren Zustand«, eine »Stimmung«, »Pathos«. Im äußersten Falle könnte sogar beabsichtigt sein, »den Ausdruck für die wünschenswertheste Stimmung zu finden«, ja, diese zu übertragen. Eine neugierige Herangehensweise wird sich mit dieser immer noch diffusen Aussage nicht zufriedengeben, wird fragen, ob sich nicht wenigstens ein expliziter, verständlicher Hinweis auf diese Stimmung finden läßt. Tatsächlich gibt Nietzsche genauer Auskunft:

> Man muss vor Allem den Ton, der aus diesem [Zarathustras] Munde kommt, diesen halkyonischen Ton

richtig *hören*, um dem Sinn seiner Weisheit nicht erbarmungswürdig Unrecht zu thun. (KSA 6, 259)

Der Ausdruck halkyonisch stammt aus der griechischen Mythologie: Der Gott der Winde sendet den in Eisvögel verwandelten Liebenden Keyx und Alkyone ruhiges Wetter, damit sie im Winter nisten können. Diese windstillen Tage im Winter nannten die griechischen Schiffer in der Antike nach dem Mythos halkyonisch.

Das Bild der windstillen Wintertage steht für Ruhe und eine gewisse Gelassenheit genauso wie für die befristete Pause nach überstandenen und vor bevorstehenden Auseinandersetzungen, Stürmen. Bestimmend bleibt dabei aber auch die Unwirtlichkeit und Kälte des Winters.

In Entsprechung dazu fehlt beispielsweise im *Zarathustra* die Polemik, mit welcher Nietzsche in Werken davor und danach philosophische oder religiöse Positionen angreift:

> Hier redet kein Fanatiker, hier wird nicht ›gepredigt‹, hier wird nicht *Glauben* verlangt: aus einer unendlichen Lichtfülle und Glückstiefe fällt Tropfen für Tropfen, Wort für Wort, – eine zärtliche Langsamkeit ist das tempo dieser Reden. (KSA 6, 260)

Die halkyonische Stimmung ist, wenn es Derartiges überhaupt gibt, eine philosophische Stimmung: Die Winter-Metapher trat schon in der oben zitierten Textstelle aus *Menschliches, Allzumenschliches* auf: »Ein Irrthum nach dem anderen wird gelassen auf's Eis gelegt, das Ideal wird nicht widerlegt – es erfriert«. Nietzsche faßt hier die Radikalität seiner Aufklärung als Kälte. Die radikal aufgeklärte Erkenntnis ist kalt – ohne Ideal, ohne Gott und ohne daß »redliches« Denken eine Alternative dazu finden könnte. Hier nach stürmischer Zeit einen Punkt der Gelassenheit, sogar des Glücks gefunden zu haben, gehört zu der – philosophischen – Stimmung, welche der *Zarathustra* transportiert.

Ein Parallel-Begriff zum »halkyonischen Ton« läßt sich derselben philosophischen Stimmung zuordnen: es ist die »Sprache des Dithyrambus«:

> Das psychologische Problem im Typus des Zarathustra ist, [...]; wie der, welcher die härteste, die furchtbarste Einsicht in die Realität hat, welcher den ›abgründlichsten Gedanken‹ gedacht hat, trotzdem darin keinen Einwand gegen das Dasein, selbst nicht gegen dessen ewige Wiederkunft findet, – vielmehr einen Grund noch hinzu, das ewige Ja zu allen Dingen *selbst zu sein*, [...].
>
> – Welche Sprache wird ein solcher Geist reden, wenn er mit sich allein redet? Die Sprache des Dithyrambus. Ich bin der Erfinder des *Dithyrambus*. Man höre, wie Zarathustra *vor Sonnenaufgang* (III 18) mit sich redet: [...]. (KSA 6, 344f.)

Mit dem Satz »Ich bin der Erfinder des Dithyrambus« zeigt Nietzsche an, daß er den Begriff »Dithyrambus« – in der Antike ein Kultgesang für Dionysos – hier neu bestimmt.

Er steht für die sprachliche Form, welche die – philosophische – Stimmung des *Zarathustra* übertragen soll. Nicht Erlebnisse im üblichen Sinne rufen diese Stimmung hervor, sondern Erlebnisse von Gedanken. Die Passage spielt mit den Formulierungen »abgründlichster Gedanke«, »ewige Wiederkunft« auf gedankliche Zentren des *Zarathustra* an. Die Zusammengehörigkeit von Stimmung und philosophischem Gehalt wird dadurch ein weiteres Mal verstärkt: Es geht um Nietzsches Erlebnis dieser Gedanken. Dazu gehört die Einsamkeit, in die diese Gedanken einfielen, die Zeit radikaler Infragestellungen, die ihnen vorausging, das Warten.

Sils-Maria
Hier sass ich, wartend, wartend, – doch auf Nichts,
Jenseits von Gut und Böse, bald des Lichts
Geniessend, bald des Schattens, ganz nur Spiel,
Ganz See, ganz Mittag, ganz Zeit ohne Ziel.

Da, plötzlich, Freundin! wurde Eins zu Zwei –
– Und Zarathustra gieng an mir vorbei ...

(KSA 3, 649)

Wird die Annahme zurückgewiesen, *Zarathustra* sei ein esoterisches – also nur Eingeweihten zugängliches – Buch, so stellen die Selbstkommentare Nietzsches neugierige Leser vor die Aufgabe, anhand solcher Hinweise ein Stück weit das Ereignis zu rekonstruieren, welches die im *Zarathustra* geäußerten – und verständlichen – Gedanken für Nietzsche darstellten.

> Aber für ihn [Nietzsche] waren die Gedanken Ereignisse; wie wir schon gesagt haben, waren sie sein ganzes Leben. (M M, Notizen, LXXIV)

Der Typus

In der späten Schrift *Ecce homo*, mit der Nietzsche sich selbst seiner Nachwelt vorstellt, beschreibt er die Entstehung des ersten Buches des *Zarathustra*:

> Auf diesen beiden Wegen fiel mir der ganze erste Zarathustra ein, vor Allem Zarathustra selber, als Typus: richtiger, er *überfiel mich*...
>
> Um diesen Typus zu verstehn, muss man sich zuerst seine physiologische Voraussetzung klar machen: sie ist das, was ich die *grosse* Gesundheit nenne. (KSA 6, 337)

Dieser Bericht stellt einen Schlüssel zum Verständnis der Gestalt Zarathustras und ihrer Rolle in Nietzsches Buchprojekt dar: Zarathustra steht für einen Typus.

Der Begriff Typus tritt in Nietzsches philosophischen Überlegungen mehrfach auf: So spricht er vom Typus des Übermenschen (vgl. KSA 6, 300), vom »Typus eines Erlösers« (KSA 6, 191), aber auch generell vom »Typus ›Mensch‹« (KSA 3, 629) – um nur einige Beispiele zu nennen.

Der Ausdruck »Typus« erlaubt es Nietzsche, auf die philosophische Frage »Was ist der Mensch?« nicht mit einer allgemeinen Definition antworten zu müssen. Nietzsche wehrt sich gegen Versuche, nach *dem* Menschen im allgemeinen zu fragen:

> [...] – alle diese sich selber unbekannten Menschen glauben an das blutlose Abstractum ›Mensch‹, das heisst, an eine Fiction; [...]. (KSA 3, 93)

Stattdessen beschreibt Nietzsche »Typen«. Er vermeidet dadurch aber auch, nur über jeweils Einzelne zu sprechen.

Indem er von Menschen als »Typen« spricht, entzieht sich Nietzsche der – auch philosophiegeschichtlichen – Konvention, den Menschen als Individuum und Gattungswesen aufzufassen.

In einem umfassenden Sinne stellt ein bestimmter »Typus ›Mensch‹« die Zusammenfassung einer konkreten Möglichkeit, Mensch zu sein, dar. Nietzsches Formulierung von der »physiologischen Voraussetzung« eines solchen »Typus« deutet an, daß eine solche Möglichkeit durch das Zusammenwirken verschiedener auch materieller Vorbedingungen zustande kommt; wir würden heute vielleicht stattdessen von biologischen, sozialen und gesellschaftlichen Voraussetzungen sprechen.

Das Konzept des »Typus« wird bereits in einem Aphorismus der *Morgenröthe* als besonders angemessen herausgestellt:

> *Ein Vorbild.* – Was liebe ich an Thukydides, was macht, dass ich ihn höher ehre, als Plato? Er hat die umfänglichste und unbefangenste Freude an allem Typischen des Menschen und der Ereignisse und findet, dass zu jedem Typus ein Quantum *guter Vernunft* gehört: *diese* sucht er zu entdecken. [...] er sieht etwas Grosses in alle Dinge und Personen hinein und zu ihnen hinzu, indem er nur Typen sieht; [...] So kommt in ihm, dem Menschen-Denker, jene *Cultur der unbefangensten Weltkenntniss* [der *Sophisten*] zu einem letzten herrlichen Ausblühen, [...]. (KSA 3, 150f.)

Wenn Nietzsche von Zarathustra als Typus redet, so geht es also um eine mögliche Spielart des Menschseins, die in die Menschheit »hineingesehen« wird. Die individuelle Gestalt Zarathustras demonstriert diese. Das Besondere an Zarathustra ist, daß hier durch den Typus keineswegs eine bereits realisierte, sondern eine noch nicht dagewesene menschliche Möglichkeit dargestellt wird. Nietzsche behauptet, von der Inspiration zu einem neuen »Typus ›Mensch‹« »überfallen« worden zu sein.

Der Name

Es ist bemerkenswert, daß Nietzsche diesem neuen »Typus ›Mensch‹« den Namen einer historischen Gestalt gibt. Diesen historischen Zarathustra, einen altpersischen Religionsgründer, stellt Nietzsche in eine interessante Reihe, die er als eine Art geistige Ahnengalerie für sich selbst in Anspruch nimmt:

> Mein Stolz dagegen ist ›ich habe eine *Herkunft*‹ – deshalb brauche ich den Ruhm nicht. In dem, was Zarathustra, Moses, Muhamed Jesus Plato Brutus Spinoza Mirabeau bewegte, lebe ich auch schon, und in manchen Dingen kommt in mir erst reif an's Tageslicht, was embryonisch ein paar Jahrtausende brauchte. (KSA 9, 642)

Interessanterweise tritt in einem ersten Fragment (KSA 9, 590), das denselben Gedanken formuliert, nur der Name Zarathustra auf, ehe es unleserlich wird. Zeitlich zwischen den beiden Gedankenskizzen liegen Glossen und Notizen, die sich Nietzsche in sein Buchexemplar der ›Versuche‹ des amerikanischen Philosophen Ralph Waldo Emerson (1803-1882) notierte. Dort findet sich auch – wie im Kommentar der Montinari-Ausgabe angeführt – eine von Nietzsche mehrfach unterstrichene Textstelle, in der Zarathustra erwähnt wird und an deren Rand Nietzsche »Das ist es!« schrieb.

Die ganze von Nietzsche hervorgehobene Textstelle lautet:

> Wir verlangen, daß ein Mensch so groß und säulenförmig in der Landschaft dastehe, daß es berichtet zu werden verdiente, wenn er aufstünde und seine Lenden gürtete und einem andern solchen Ort zueilte. Die glaubwürdigsten Bilder scheinen uns die von großen Menschen zu sein, die bei ihrem ersten Erscheinen schon die Oberhand hatten und die Sinne überführten; wie es dem morgenländischen Weisen erging, der gesandt war, die Verdienste des Zaratustra oder Zoroaster zu erproben. Als der Weise von Yunnan in Balk ankam, so erzählen uns die Perser, setzte Gustasp einen Tag an, an dem die Mobeds eines jeden Landes sich versammeln sollten, und ein goldener Stuhl wurde für den Weisen aus Yunnan in Bereitschaft gehalten. Darauf trat der allgemein geliebte Yezdam, der Prophet Zaratustra in die Mitte der Versammlung. Der Weise von Yunnan sagte, als er jenes Oberhaupt erblickte: ›Diese Gestalt und dieser Gang und Haltung können nicht lügen, und nichts als Wahrheit kann daraus hervorgehen‹. (KSA 14, 279)

Inhaltlich auffällig an dieser Textstelle ist, daß nicht Zarathustras Lehre beschrieben wird und den Gast beeindruckt, sondern sein Auftreten, »erstes Erscheinen«. Emerson gibt mit der persischen Erzählung selbst ein Beispiel für einen »Typus ›Mensch‹« – den er »verlangt«.

Nietzsches Lesespuren lassen keinen strengen Nachweis zu, daß es die wiedergegebene Textpassage war, die ihn bewogen haben könnte, den Namen Zarathustra für sein Projekt zu verwenden. Er selbst gibt Erklärungen im nachhinein, die – wenig bescheiden – einen geradezu menschheitsgeschichtlichen Rahmen andeuten, in den er sich und sein Denken stellt. Einem Fragment von 1884 zufolge widmet Nietzsche durch die Verwendung des Namens Zarathustra sein Werk den Anfängen einer entsprechend großzügigen Geschichtsauffassung:

> Ich mußte Zarathustra, einem *Perser*, die Ehre geben: Perser haben zuerst Geschichte im Ganzen Großen *gedacht*. Eine Abfolge von Entwicklungen, jeder präsidirt ein Prophet. Jeder Prophet hat seinen *hazar*, sein Reich von tausend Jahren. – (KSA 11, 53)

Die längste eigene Äußerung zur Frage der Namensgebung Zarathustras macht Nietzsche wiederum in seiner merkwürdigen Selbstdarstellung, in *Ecce homo*. Gegenüber den bisherigen sind Akzentverschiebungen zu erkennen. Zwar geht es ihm immer noch um umfassende geschichtliche Perspektiven, hier aber – ganz im Sinne eines Schwerpunktes seiner philosophischen Überlegungen der achtziger Jahre – um die Geschichte von Wertsetzungen und Umwertungen. Nietzsches *Zarathustra* wird von ihm als »Selbstüberwindung der Moral« interpretiert, der historische Zarathustra als Wertesetzer der Moral, welcher gerade dadurch als erster ein Stück weit über ihr steht:

> Man hat mich nicht gefragt, man hätte mich fragen sollen, was gerade in meinem Munde, im Munde des ersten Immoralisten, der Name *Zarathustra* bedeutet: denn was die ungeheure Einzigkeit jenes Persers in der Geschichte ausmacht, ist gerade dazu das Gegentheil. Zarathustra hat zuerst im Kampf des Guten und des Bösen das eigentliche Rad im Getriebe der Dinge gesehn, – die Übersetzung der Moral in's Metaphysische, als Kraft, Ursache, Zweck an sich, ist *sein* Werk. Aber diese Frage wäre im Grunde bereits die Antwort. Zarathustra *schuf* diesen verhängnisvollsten Irrthum, die Moral: folglich muss er auch der Erste sein, der ihn *erkennt*. [...] Die Selbstüberwindung der Moral aus Wahrhaftigkeit, die Selbstüberwindung des Moralisten in seinen Gegensatz – in *mich* – das bedeutet in meinem Munde der Name Zarathustra. (KSA 6, 367)

Diese zeitlich späteste Äußerung Nietzsches zur Problematik öffnet die Frage für philosophische Deutungen der Namensgebung. Die Kenntnis der Arbeitsweise Nietzsches läßt es aber nach wie vor ebenfalls interessant erscheinen, nach weiteren literarischen Quellen zu suchen. Jeder Fund gibt auch Aufschluß über inhaltliche Impulse, die der Abfassung des *Zarathustra* vorausgingen.

Facetten

> Und auch ihr fragtet euch oft: ›wer ist uns Zarathustra? Wie soll er uns heissen?‹ Und gleich mir selber gabt ihr euch Fragen zur Antwort.
>
> Ist er ein Versprechender? Oder ein Erfüller? Ein Erobernder? Oder ein Erbender? Ein Herbst? Oder eine Pflugschar? Ein Arzt? Oder ein Genesener?
>
> Ist er ein Dichter? Oder ein Wahrhaftiger? Ein Befreier? Oder ein Bändiger? Ein Guter? Oder ein Böser? (Z, Von der Erlösung, 179)

»Fragen zur Antwort« – Nietzsche läßt Zarathustra auf dessen eigene Vielschichtigkeit hinweisen. Zarathustra ist eine Gestalt, die alle diese Fragen aufwerfen kann und viele Gesichter hat, je nachdem, von wo aus und von wem sie angesehen wird. Dies entspricht Nietzsches Absicht.

Bei aller Inspiration, die er mit Formulierungen wie der schon zitierten: »er [der Typus Zarathustra] *überfiel* mich« für sich in Anspruch nimmt, stellt sich diese Vielschichtigkeit jedoch nicht von selbst ein. Nietzsche plant seine Gestalt, gibt sich Rechenschaft über ihre Komponenten. So findet sich unter seinen Notizen aus dem Jahr 1883 die folgende Liste:

> Wahrsager
> Vernichter
> Schaffender
> Verbinder
> Entdecker (Meer)
> Tänzer – Lacher
> Fliegender – Siegender
> (KSA 10, 596)

Ein Jahr später, während der Vorarbeiten zum vierten Teil, notiert er sich:

> In Zarathustra 6 die große Synthesis des Schaffenden, Liebenden, Vernichtenden (KSA 11, 360)

Eine solche widerspruchsvolle oder mindestens ungewöhnliche Zusammenstellung spiegelt sich oftmals in der Abfolge und Gegenüberstellung widersprüchlicher Aussagen:

> Du widersprichst heute dem, was du gestern gelehrt hast – Aber dafür ist gestern nicht heute, sagte Zarathustra. (KSA 9, 598)

Die Zusammenfügung, Integration der Spannungen *ist* die Person Zarathustra. Zarathustra durchlebt – Nietzsches Absicht nach unbekümmert – die Widersprüche.

Einige der gestellten Fragen, beispielsweise »Ist er ein Dichter? Oder ein Wahrhaftiger?«, bleiben dabei unentschieden. Hierauf wird noch einzugehen sein.

Dennoch legt Nietzsche dem Zarathustra eine Warnung in den Mund, diese Gestalt nicht als gänzlich beliebig und jeder Vereinnahmung verfügbar mißzuverstehen:

> Meine Freunde, ich will nicht vermischt und verwechselt werden.
>
> Es giebt Solche, die predigen meine Lehre vom Leben: und zugleich sind sie Prediger der Gleichheit und Taranteln.
>
> Dass sie dem Leben zu Willen reden, ob sie gleich in ihrer Höhle sitzen, diese Gift-Spinnen, und abgekehrt vom Leben: das macht, sie wollen damit wehethun. (Z, Von den Taranteln, 129f.)

Die Facetten Zarathustras werden nicht immer durch bloß oberflächliches Nebeneinandersetzen erzeugt. Ein Beispiel dafür, wie Nietzsche durch ein Überlagern und Wiederverwenden vorgeformter Bilder der Gestalt Zarathustras Vielschichtigkeit und Facettenreichtum gibt, findet sich schon in der Vorrede. Zunächst wird ein Ereignis geschildert:

> Als er [der Seiltänzer] eben in der Mitte seines Weges war, öffnete sich die kleine Thür noch einmal, und ein bunter Gesell, einem Possenreisser gleich, sprang heraus und gieng mit schnellen Schritten dem Ersten nach. ›Vorwärts, Lahmfuss, rief seine fürchterliche Stimme, vorwärts Faulthier, Schleichhändler, Bleichgesicht! [...]‹ – Und mit jedem Worte kam er ihm näher und näher: als er aber nur noch einen Schritt hinter ihm war, da geschah das Erschreckliche, das jeden Mund stumm und jedes Auge starr machte: – er stiess ein Geschrei aus wie ein Teufel und sprang über Den hinweg, der ihm im Wege war. Dieser aber, als er so seinen Nebenbuhler siegen sah, verlor dabei den Kopf und das Seil; [...]. (Z, Zarathustra's Vorrede, 21)

Etwas später wird das Ereignis zur Metapher: Der »bunte Gesell« mahnt Zarathustra, die Stadt zu verlassen: »– oder morgen springe ich über dich hinweg, ein Lebendiger über einen Todten« (ebd., 23). Schließlich wird diese Metapher durch einen zu sich selbst gesprochenen Satz Zarathustras am Ende der Vorrede zum Bild für ihn:

> Zu meinem Ziele will ich, ich gehe meinen Gang; über die Zögernden und Saumseligen werde ich hinwegspringen. Also sei mein Gang ihr Untergang! (ebd., 27)

In dem Moment, in dem Zarathustra das Bild des »bunten Gesellen« auf sich selbst anwendet, erhält seine Gestalt Vielschichtigkeit und wird widersprüchlich: Zarathustra, der vorher als einziger dem gestürzten Seiltänzer Trost spendete und ihn »mit seinen eigenen Händen« begrub, wird nun zusätzlich zu jemandem, der andere durch Überspringen zum Absturz bringt.

Im vierten Teil des Buches folgt eine weitere Anspielung – noch einmal aus veränderter Perspektive:

> Der Mensch ist Etwas, das überwunden werden muss.
>
> Es giebt vielerlei Weg und Weise der Überwindung: da siehe *du* zu! Aber nur ein Possenreisser denkt: ›der Mensch kann auch *übersprungen* werden.‹ (Z, Von alten und neuen Tafeln, 249)

Bei sorgfältigem Lesen zeigt sich die vollständige Transparenz der Mittel, die Nietzsche dazu verwendet, solche Vielschichtigkeit zu erzeugen. Es sind Anklänge: Wiederholungen von Formulierungen, Namen, Bildern. Nietzsches Buch ist ein Geflecht wechselseitiger Verweise und solcher auf andere Werke. Das Buch und der Typus Zarathustra stellen die Aufgabe, diesen Verweisen nachzugehen.

Der etwas andere Weise

Der Gottlose

»Gott ist todt!« – Dieser Ausruf gehört zu den wohl bekanntesten Formulierungen Nietzsches. Die Auseinandersetzung mit der Religion, oft auch speziell mit dem Christentum, wird immer wieder bestimmend für Nietzsches Denken. Noch im letzten Jahr vor seinem Turiner Zusammenbruch verfaßt er eine Schrift, die *Der Antichrist. Fluch auf das Christenthum* betitelt ist.

Auch Zarathustra kommt mehrfach auf dieses Thema zurück. Zarathustra will ein »Gottloser« heißen:

> Und wenn ich rufe: ›Flucht allen feigen Teufeln in euch, die gerne winseln und Hände falten und anbeten möchten‹: so rufen sie: ›Zarathustra ist gottlos‹.
>
> Und sonderlich rufen es ihre Lehrer der Ergebung –; aber gerade ihnen liebe ich's, in das Ohr zu schrein: Ja! Ich *bin* Zarathustra, der Gottlose!
>
> […]
>
> Wohlan! Diess ist meine Predigt für *ihre* Ohren: ich bin Zarathustra, der Gottlose, der da spricht ›wer ist gottloser denn ich, dass ich mich seiner Unterweisung freue?‹ (Z, Von der verkleinernden Tugend, 215)

Die »Predigt« hat spezielle Adressaten: sie ist besonders für die Ohren der »Lehrer der Ergebung« bestimmt, für religiöse Lehrer, Religionsstifter, Propheten, Geistliche. Diese konfrontiert Zarathustra mit dem Bekenntnis seiner Gottlosigkeit. Er hält denen seine Redlichkeit entgegen, die diese hassen:

> [...] wüthend hassen sie [welche dichten und gottsüchtig sind] den Erkennenden und jene jüngste der Tugenden, welche heisst: Redlichkeit. (Z, Von den Hinterweltlern, 37)

Zarathustras Gottlosigkeit ist jedoch weit mehr als bloße Religionskritik.

Das Zitat »Gott ist todt!« stammt aus einem Abschnitt der *Fröhlichen Wissenschaft*, welcher ›Der tolle Mensch‹ überschrieben ist. Der antike Provokateur Diogenes soll am hellichten Tage auf dem bevölkerten Marktplatz Athens mit einer Laterne nach Menschen gesucht haben. Nach seinem Vorbild sucht der »tolle Mensch« Gott. Es gibt eine unmittelbare Vorfassung zu diesem Textstück. Dort steht für den tollen Menschen noch ein Name: Zarathustra (vgl. KSA 14, 256f.). Der Aphorismus aus der *Fröhlichen Wissenschaft* kann daher helfen, Aspekte der besonderen »Gottlosigkeit« Zarathustras zu sammeln.

> *Der tolle Mensch.* – Habt ihr nicht von jenem tollen Menschen gehört, der am hellen Vormittage eine Laterne anzündete, auf den Markt lief und unaufhörlich schrie: ›Ich suche Gott! Ich suche Gott!‹ – Da dort gerade Viele von Denen zusammen standen, welche nicht an Gott glaubten, so erregte er ein grosses Gelächter. Ist er denn verloren gegangen? sagte der Eine. Hat er sich verlaufen wie ein Kind? sagte der Andere. Oder hält er sich versteckt? Fürchtet er sich vor uns? Ist er zu Schiff gegangen? ausgewandert? – so schrieen und lachten sie durcheinander. Der tolle Mensch sprang mitten unter sie und durchbohrte sie mit seinen Blicken. ›Wohin ist Gott? rief er, ich will es euch sagen! *Wir haben ihn getödtet*, – ihr und ich! Wir Alle sind seine Mörder! Aber wie haben wir diess gemacht? Wie vermochten wir das Meer auszutrinken? Wer gab uns den Schwamm, um den ganzen Horizont wegzuwischen? Was thaten wir, als wir diese Erde von ihrer Sonne

losketteten? Wohin bewegt sie sich nun? Wohin bewegen wir uns? Fort von allen Sonnen? Stürzen wir nicht fortwährend? Und rückwärts, seitwärts, vorwärts, nach allen Seiten? Giebt es noch ein Oben und ein Unten? Irren wir nicht wie durch ein unendliches Nichts? Haucht uns nicht der leere Raum an? Ist es nicht kälter geworden? Kommt nicht immerfort die Nacht und mehr Nacht? Müssen nicht Laternen am Vormittage angezündet werden? Hören wir noch Nichts von dem Lärm der Todtengräber, welche Gott begraben? Riechen wir noch Nichts von der göttlichen Verwesung? – auch Götter verwesen! Gott ist todt! Gott bleibt todt! Und wir haben ihn getödtet! Wie trösten wir uns, die Mörder aller Mörder? Das Heiligste und Mächtigste, was die Welt bisher besass, es ist unter unseren Messern verblutet, – wer wischt diess Blut von uns ab? Mit welchem Wasser könnten wir uns reinigen? Welche Sühnfeiern, welche heiligen Spiele werden wir erfinden müssen? Ist nicht die Grösse dieser That zu gross für uns? Müssen wir nicht selber zu Göttern werden, um nur ihrer würdig zu erscheinen? Es gab nie eine grössere That, – und wer nur immer nach uns geboren wird, gehört um dieser That willen in eine höhere Geschichte, als alle Geschichte bisher war!‹ – Hier schwieg der tolle Mensch und sah wieder seine Zuhörer an: auch sie schwiegen und blickten befremdet auf ihn. Endlich warf er seine Laterne auf den Boden, dass sie in Stücke sprang und erlosch. ›Ich komme zu früh, sagte er dann, ich bin noch nicht an der Zeit. Diess ungeheure Ereigniss ist noch unterwegs und wandert, – es ist noch nicht bis zu den Ohren der Menschen gedrungen. Blitz und Donner brauchen Zeit, das Licht der Gestirne braucht Zeit, Thaten brauchen Zeit, auch nachdem sie gethan sind, um gesehen und gehört zu werden. Diese That ist ihnen immer noch ferner, als die fernsten Gestirne, – *und doch haben sie dieselbe gethan*!‹ – Man erzählt noch, dass der tolle Mensch des selbigen Tages in verschiedene Kirchen eingedrungen sei und darin sein Requiem aeternam deo angestimmt habe. Hinausgeführt und zur Rede gesetzt, habe er immer nur diess entgegnet: ›Was sind denn diese Kirchen noch, wenn sie nicht die Grüfte und Grabmäler Gottes sind?‹ – (KSA 3, 480ff.)

Die Provokation des »tollen Menschen« zielt nicht in erster Linie darauf, den Glauben an Gott zu erschüttern, nicht auf Religionskritik. Die »Gottessuche« findet amüsierte Zuschauer vor, die schon längst nicht mehr an Gott glauben. »Gott ist todt!« ist selbst gar keine provokante Behauptung, es ist ein längst akzeptierter Tatbestand. Provozierend ist, daß der »tolle Mensch« Mordanklage gegen die Mitmenschen und sich selbst erhebt. Aus dem stillen Dahinscheiden einer altersschwachen Überzeugung wird ein Mordfall. Der Ankläger – und Mittäter gleichermaßen – fragt »Aber wie haben wir dies gemacht? [...]. Was thaten wir, [...]?« Gefragt wird einerseits nach dem Tathergang andererseits nach der Schwere der Tat.

»Es gab nie eine grössere That.« – aus dem Kontext wird deutlich, daß diese Bewertung doppeldeutig ist: der Mord an Gott war das schwerste Verbrechen, aber dieses Verbrechen hatte Größe, verlangt nach Tätern, die seiner »würdig« sind.

Die Konsequenzen der Tat fallen auf die Täter zurück: durch die Ermordung Gottes entziehen sie *allen* ihren bisherigen Sinnstiftungen und Wertmaßstäben die Grundlage.

Die Provokation des »tollen Menschen« versucht, die – vollständig ignorierte – Tragweite des »ungeheure[n] Ereigniss[es]« sichtbar zu machen. Der »tolle Mensch« fragt aber auch, wie es möglich wurde, Gott umzubringen, religiöse Überzeugungen abzulegen oder zu diskreditieren.

»[...] – auch Götter verwesen!« – Nietzsche arbeitete spätestens seit *Menschliches, Allzumenschliches* daran, Götter und Religionen als geschichtliche und menschliche Veranstaltungen zu begreifen, ihr Funktionieren und ihre Bedeutung zu beschreiben.

Hierbei schon zeigt sich ein Doppelaspekt seiner Herangehensweise: Ganz im Sinne der »Grösse dieser That [des Mordes an Gott]« versucht er der Bedeutung, der Macht des Religiösen gerecht zu werden, ohne allerdings daran Zweifel zu lassen, daß keine Religion Wahrheit enthält:

> *Die Wahrheit in der Religion.* – In der Periode der Aufklärung war man der Bedeutung der Religion nicht gerecht geworden, daran ist nicht zu zweifeln: aber ebenso steht fest, dass man, in dem darauffolgenden Widerspiel der Aufklärung, wiederum ein gutes Stück über die Gerechtigkeit hinausgieng, indem man die Religionen mit Liebe, selbst mit Verliebtheit behandelte und ihnen zum Beispiel ein tieferes, ja das allertiefste Verständniss der Welt zuerkannte; welches die Wissenschaft des dogmatischen Gewandes zu entkleiden habe, um dann in unmythischer Form die ›Wahrheit‹ zu besitzen. [...] ... er [Schopenhauer] würde vielmehr der Wahrheit die Ehre gegeben haben, wie er es pflegte, mit den Worten: *noch nie hat eine Religion, weder mittelbar, noch unmittelbar, weder als Dogma, noch als Gleichniss, eine Wahrheit enthalten.* (KSA 2, 109f.)

Der angesprochene Doppelaspekt spricht sich in veränderter Gewichtung auch in einem Fragment aus, das der Entstehungszeit des *Zarathustra* zuzuordnen ist:

> Ihr macht es euch zu leicht, ihr Gottlosen! Gut, es mag so sein, wie ihr sagt: die Menschen haben Gott geschaffen – ist dies ein Grund, sich nicht mehr um ihn zu kümmern? [...] (KSA 9, 611)

Die Sterblichkeit Gottes ist der eine Aspekt, welchen die Frage »Aber wie haben wir dies gemacht?« eröffnet. Der zweite betrifft die Täter. Über ihr Motiv wird in dem Aphorismus der *Fröhlichen Wissenschaft* nichts gesagt, wohl aber darüber, daß sie nicht wußten, was sie taten. »Diese That ist immer noch ferner, als die fernsten Gestirne, – *und doch haben sie dieselbe gethan*!« Schließlich unterschätzten sie die Tragweite des Ereignisses auch für sich selbst. Wenn es den Menschen möglich gewesen sein sollte, mit Gott den bisherigen universellen Bezugspunkt, die Grundlage aller Wertmaßstäbe zu beseitigen, so berührte dies ihr Selbstverständnis: »Müssen wir nicht selber zu Göttern werden, nur um ihrer würdig zu erscheinen? Es gab nie eine grössere That, – und wer nur immer nach uns geboren wird, gehört um dieser That willen in eine höhere Geschichte, als alle Geschichte bisher war!«

Die skizzierten Aspekte des Textes aus der *Fröhlichen Wissenschaft* finden sich auch im *Zarathustra* wieder. Vielleicht sind es aber gerade die Zwischentöne, das nebenher und außerdem Gesagte, welche die Lektüre entsprechender Passagen aus dem *Zarathustra* lohnend machen.

Zu den leiseren Zwischentönen im *Zarathustra* gehört das Gespräch, welches Zarathustra kurz nach seinem ersten Aufbruch mit einem Einsiedler führt. Der bereits angesprochene Aspekt eines noch gar nicht vollständig wahrgenommenen Todes Gottes findet sich auch hier. Der Einsiedler erklärt, die Menschen »allzu sehr« geliebt und sich enttäuscht mit seinem Gott allein in den Wald zurückgezogen zu haben: »Jetzt liebe ich Gott: die Menschen liebe ich nicht. Der Mensch ist mir eine zu unvollkommene Sache. Liebe zum Menschen würde mich umbringen.« (Z, Zarathustra's Vorrede, 13)

Er versucht, Zarathustra von seinem »Untergang«, seinem Gang zu den Menschen abzuhalten:

Gehe nicht zu den Menschen und bleibe im Walde! Gehe lieber noch zu den Thieren! Warum willst du nicht sein, wie ich, – ein Bär unter Bären, ein Vogel unter Vögeln?

›Und was macht der Heilige im Walde?‹ fragte Zarathustra.

Der Heilige antwortete: Ich mache Lieder und singe sie, und wenn ich Lieder mache, lache, weine und brumme ich: also lobe ich Gott.

Mit Singen, Weinen, Lachen und Brummen lobe ich den Gott, der mein Gott ist. Doch was bringst du uns zum Geschenke?

Als Zarathustra diese Worte gehört hatte, grüsste er den Heiligen und sprach: ›Was hätte ich euch zu geben! Aber lasst mich schnell davon, dass ich euch Nichts nehme!‹ – Und so trennten sie sich von einander, der Greis und der Mann, lachend, gleichwie zwei Knaben lachen.

Als Zarathustra aber allein war, sprach er also zu seinem Herzen: ›Sollte es denn möglich sein! Dieser alte Heilige hat in seinem Walde noch Nichts davon gehört, dass *Gott todt* ist!‹ – (Z, Zarathustra's Vorrede, 13f.)

Zarathustras Verwunderung unterstreicht nur noch einmal den Befund »Gott ist todt! Gott bleibt todt!«, den der tolle Mensch proklamierte. Dadurch, daß dies gleich am Beginn des Buches wie selbstverständlich hingestellt wird, ist eine wesentliche Ausgangsposition des *Zarathustra* bezeichnet: Das Buch stellt sich den *Folgen* des »Todes Gottes«.

Die Provokation der Anklage, welche der »tolle Mensch« führt, wird jedoch zurückgenommen. Zarathustra tritt gleich zu Beginn gelassen auf, ist kein missionierender Atheist. Er selbst stellt sich den Folgen des Verlustes und versucht, eine mögliche Haltung nach dem Zerfall religiöser und metaphysischer Fundamente zu finden. Dem Einsiedler läßt er sein »Singen, Weinen, Lachen und Brummen«, beide trennen sich heiter, ohne daß Zarathustra dem Heiligen seinen Gott »nehmen« will.

Trotz der fehlenden Anklage bleibt der Tod Gottes auch im *Zarathustra* ein Mordfall. Ein wichtiger Unterschied ist allerdings zu beobachten: Aus dem »wir«, das die Täter bezeichnet, den Ankläger mit umfaßt, aber interessanterweise schon in dem Text der *Fröhlichen Wissenschaft* zur dritten Person tendiert – »[...], – *und doch haben sie dieselbe gethan*« – wird im *Zarathustra* die Figur des Mörders Gottes: der häßlichste Mensch. Nietzsche strich eine Passage, in der Zarathustra selbst als der Mörder Gottes bezeichnet wird (vgl.: KSA 14, 309).

Der hässlichste Mensch

[...] Als aber der Weg wieder um einen Felsen bog, veränderte sich mit Einem Male die Landschaft, und Zarathustra trat in ein Reich des Todes. Hier starrten schwarze und rothe Klippen empor: kein Gras, kein Baum, keine Vogelstimme. Es war nämlich ein Thal, welches alle Thiere mieden, auch die Raubthiere; nur dass eine Art hässlicher, dicker, grüner Schlangen, wenn sie alt wurden, hierher kamen, um zu sterben. Darum nannten diess Thal die Hirten: Schlangen-Tod.

Zarathustra aber versank in eine schwarze Erinnerung, denn ihm war, als habe er schon ein Mal in diesem Thal gestanden. Und vieles Schwere legte sich ihm über den Sinn: also, dass er langsam gieng und immer langsamer und endlich still stand. Da aber sahe er, als er die Augen aufthat, Etwas, das am Wege sass, gestaltet wie ein Mensch und kaum wie ein Mensch, etwas Unaussprechliches. Und mit Einem Schlage überfiel Zarathustra die grosse Scham darob, dass er so Etwas mit den Augen angesehn habe: erröthend bis hinauf an sein weisses Haar, wandte er den Blick ab und hob den Fuss, dass er diese schlimme Stelle verlasse. Da aber wurde die todte Öde laut: vom Boden auf nämlich quoll es gurgelnd und röchelnd, wie Wasser Nachts durch verstopfte Wasser-Röhren gurgelt und röchelt; und zuletzt wurde daraus eine Menschen-Stimme und Menschen-Rede: – die lautete also.

›Zarathustra! Zarathustra! Rathe mein Räthsel! Sprich, sprich! Was ist *die Rache am Zeugen*?

Ich locke dich zurück, hier ist glattes Eis! Sieh zu, sieh zu, ob dein Stolz sich hier nicht die Beine bricht!

Du dünkst dich weise, du stolzer Zarathustra! So rathe doch das Räthsel, du harter Nüsseknacker, – das Räthsel, das ich bin! So sprich doch: wer bin *ich*!‹

– Als aber Zarathustra diese Worte gehört hatte, – was glaubt ihr wohl, dass sich da mit seiner Seele zutrug? *Das Mitleiden fiel ihn an*; und er sank mit Einem Male nieder, wie ein Eichbaum, der lange vielen Holzschlägern widerstanden hat, – schwer, plötzlich, zum Schrecken selber für Die, welche ihn fällen wollten. Aber schon stand er wieder vom Boden auf, und sein Antlitz wurde hart.

›Ich erkenne dich wohl, sprach er mit einer erzenen Stimme: *du bist der Mörder Gottes*! Lass mich gehn.

Du *ertrugst* Den nicht, der *dich* sah, – der dich immer und durch und durch sah, du hässlichster Mensch! Du nahmst Rache an diesem Zeugen!‹

Also sprach Zarathustra und wollte davon; aber der Unaussprechliche fasste nach einem Zipfel seines Gewandes und begann von Neuem zu gurgeln und nach Worten zu suchen. ›Bleib!‹ sagte er endlich –

– bleib! Geh nicht vorüber! Ich errieth, welche Axt dich zu Boden schlug: Heil dir, oh Zarathustra, dass du wieder stehst!

Du erriethest, ich weiss es gut, wie Dem zu Muthe ist, der ihn tödtete, – dem Mörder Gottes. Bleib! Setze dich her zu mir, es ist nicht umsonst.

[...]

Dass du aber an mir vorübergiengst, schweigend; dass du erröthetest, ich sah es wohl: daran erkannte ich dich als Zarathustra.

Jedweder Andere hätte mir sein Almosen zugeworfen, sein Mitleiden, mit Blick und Rede. Aber dazu – bin ich nicht Bettler genug, das erriethest du –

– dazu bin ich zu *reich*, reich an Grossem, an Furchtbarem, am Hässlichsten, am Unaussprechlichsten! Deine Scham, oh Zarathustra, *ehrte* mich!

Mit Noth kam ich heraus aus dem Gedräng der Mitleidigen,

– dass ich den Einzigen fände, der heute lehrt ›Mitleiden ist zudringlich‹ – dich, oh Zarathustra!

[...]

Du selber aber – warne dich selber auch vor *deinem* Mitleiden! Denn Viele sind zu dir unterwegs, viele Leidende, Zweifelnde, Verzweifelnde, Ertrinkende, Frierende –

Ich warne dich auch vor mir. Du erriethest mein bestes, schlimmstes Räthsel, mich selber und was ich that. Ich kenne die Axt, die dich fällt.

Aber er – *musste* sterben: er sah mit Augen, welche *Alles* sahn, – er sah des Menschen Tiefen und Gründe, alle seine verhehlte Schmach und Hässlichkeit.

Sein Mitleiden kannte keine Scham: er kroch in meine schmutzigsten Winkel. Dieser Neugierigste, Über-Zudringliche, Über-Mitleidige musste sterben.

Er sah immer *mich*: an einem solchen Zeugen wollte ich Rache haben – oder selber nicht leben.

Der Gott, der Alles sah, *auch den Menschen*: dieser Gott musste sterben! Der Mensch *erträgt* es nicht, dass solch ein Zeuge lebt. (Z, Der hässlichste Mensch, 327ff.)

Der Mörder Gottes wird auch hier erkannt; anders als im Falle des »tollen Menschen« fehlt aber der Ankläger, fehlt erst recht das Moment einer Selbstanklage. Zarathustra und der Mörder Gottes sind verschiedene Personen. Lediglich eine Art déjà-vu-Erlebnis läßt eine Ahnung aufkommen, daß Zarathustra schon vorher irgend etwas mit dem Mörder oder gar dem Mord Gottes zu tun gehabt haben könnte: »[...], denn ihm war, als habe er schon ein Mal in diesem Thal gestanden. Und vieles Schwere legte sich ihm über den Sinn: [...]« (ebd.)

Die Problematik erscheint daher aus vollständig neuer Perspektive. Dennoch finden sich Aspekte wieder: Die Schwere der Tat, welche furchtbar auf den Täter zurückfällt: » – du erriethest, wie Dem zu Muthe ist, welcher ihn tödtete«, das Moment einer Größe der Tat: »– dazu bin ich zu reich, reich an Grossem, an Furchtbarem, am Hässlichsten, am Unaussprechlichsten!«, die Unwahrheit der Religionen – hier des Christentums:

> Und ›Wahrheit‹ heisst heute, was der Prediger sprach, der selber aus ihnen herkam, jener wunderliche Heilige und Fürsprecher der kleinen Leute, welcher von sich zeugte ›ich – bin die Wahrheit.‹
>
> [...]
>
> Ward einem Unbescheidnen jemals höflicher geantwortet? – Du aber, oh Zarathustra, giengst an ihm vorüber und sprachst: ›Nein! Nein! Drei Mal Nein!‹ (Z, Der hässlichste Mensch, 330)

In der neuen Perspektive steht allerdings etwas anderes im Vordergrund. Der Text benennt ein Motiv für den Mord:

> Du *ertrugst* Den nicht, der *dich* sah, – der dich immer und durch und durch sah, du hässlichster Mensch! Du nahmst Rache an diesem Zeugen! (ebd., 328)

> [...] Der Gott, der Alles sah, *auch den Menschen*: dieser Gott musste sterben! Der Mensch *erträgt* es nicht, dass solch ein Zeuge lebt. (ebd., 331)

Vordergründiges Motiv ist also die Scham des Häßlichsten vor dem Zeugen seiner Häßlichkeit. Warum aber ist der Mörder Gottes häßlich? Es ist offensichtlich nicht der Mord, der ihn dazu machte, da die Häßlichkeit gerade dem Motiv vorausging. Zu billig wäre es, anzunehmen, daß Nietzsche diese Charakterisierung absichtslos wählte. Der Ausdruck Häßlichkeit stellt Verweise her, die weitere Interpretationen anregen.

> *Ein gefährlicher Entschluss.* – Der christliche Entschluss, die Welt hässlich und schlecht zu finden, hat die Welt hässlich und schlecht gemacht. (KSA 3, 485)

Nietzsche wirft speziell dem Christentum, aber auch allgemein den Religionen und der metaphysischen Spekulation immer wieder vor, ein Jenseits gegen das Diesseits, überweltliche Idealvorstellungen gegen die naheliegende weltliche Wirklichkeit auszuspielen:

> [...] Der Begriff ›Gott‹ war bisher der größte *Einwand* gegen das Dasein ... Wir leugnen Gott, wir leugnen die Verantwortlichkeit in Gott: *damit* erst erlösen wir die Welt. – (KSA 6, 97)

Entsprechende Überlegungen machen bereits in *Menschliches, Allzumenschliches* einen thematischen Schwerpunkt aus (KSA 2, 107-140). Sie gehören zu einer – bei aller Polemik – argumentativen Auseinandersetzung mit dem Phänomen Religion. Interessant ist allerdings, daß Nietzsche schon hier über eine rein rational begründete Religionskritik hinausgeht.

Seine Begründungen stützen sich auf das, was er »Geschmack« nennt:

> *Gegen das Christenthum.* – Jetzt entscheidet unser Geschmack gegen das Christenthum, nicht mehr unsere Gründe. (KSA 3, 485)

Geschmack ist ein von Nietzsche mehrfach reflektierter Begriff. Nietzsche faßt ihn als Ausdruck der ganzen Persönlichkeit auf, die ihre Herkunft und »physiologische« Konstitution im Geschmacksurteil äußert:

Geschmack: das ist Gewicht zugleich und Wagschale und Wägender; und wehe allem Lebendigen, das ohne Streit um Gewicht und Wagschale und Wägende leben wollte! (Z, Von den Erhabenen, 150f.)

Jeder »Typus ›Mensch‹« verkörpert bestimmte geschmackliche Wertungen; und nur diese können die Kritik an bestehenden Religionen zureichend »begründen«. Bloß rationale Argumentationen reichen nicht tief genug: auch ihnen geht noch eine Wertung voraus.

Doch man wird es begriffen haben, worauf ich hinaus will, nämlich dass es immer noch ein *metaphysischer Glaube* ist, auf dem unser Glaube an die Wissenschaft ruht, – dass auch wir Erkennenden von heute, wir Gottlosen und Antimetaphysiker, auch *unser* Feuer noch von dem Brande nehmen, den ein Jahrtausende alter Glaube entzündet hat, jener Christen-Glaube, der auch der Glaube Plato's war, dass Gott die Wahrheit ist, dass die Wahrheit göttlich ist... (KSA 3, 577)

In einer mehrfach gebrochenen Weise äußert Nietzsche diesen Gedanken auch im *Zarathustra*. Er legt ausgerechnet dem letzten Papst, der nach dem Tode Gottes gewissermaßen arbeitslos geworden ist, die Worte in den Mund: »Oh Zarathustra, du bist frömmer als du glaubst, mit einem solchen Unglauben! Irgend ein Gott in dir bekehrte dich zu deiner Gottlosigkeit.« (Z, Ausser Dienst, 325)

Der Papst, Experte in solchen Angelegenheiten, weist Zarathustra mit diesen Worten darauf hin, daß seine Geschmacksurteile und Neubewertungen in ihren Voraussetzungen genauso tief gründen wie Religionen. Es ist ein wichtiger Gedanke Nietzsches, daß Religionen mächtige Vermittler von Perspektiven und Wertsetzungen sind, die in den Personen der

Religionsstifter und Gesetzgeber selbst wieder »physiologischen« Voraussetzungen unterworfen sind.

> Also sprach Zarathustra und durchbohrte mit seinen Blicken die Gedanken und Hintergedanken des alten Papstes. Endlich begann dieser: ›Wer ihn am meisten liebte und besass, der hat ihn nun am meisten auch verloren –:
>
> – siehe, ich selber bin wohl von uns Beiden jetzt der Gottlosere? Aber wer könnte daran sich freuen!‹ – (ebd., 323)
>
> ›[...] Es giebt auch in der Frömmigkeit guten Geschmack: *der* sprach endlich ›Fort mit einem *solchen* Gotte! Lieber keinen Gott, lieber auf eigne Faust Schicksal machen, lieber Narr sein, lieber selber Gott sein!‹
>
> – ›Was höre ich! sprach hier der alte Papst mit gespitzten Ohren; oh Zarathustra, du bist frömmer als du glaubst, mit einem solchen Unglauben! Irgend ein Gott in dir bekehrte dich zu deiner Gottlosigkeit.
>
> Ist es nicht deine Frömmigkeit selber, die dich nicht mehr an einen Gott glauben lässt? Und deine übergrosse Redlichkeit wird dich auch noch jenseits von Gut und Böse wegführen!
>
> Siehe doch, was blieb dir aufgespart? Du hast Augen und Hand und Mund, die sind zum Segnen vorher bestimmt seit Ewigkeit. Man segnet nicht mit der Hand allein. [...]‹ (ebd., 324f.)

Die Dramatik der Anklagerede des »tollen Menschen«, welcher seine Mitmenschen auf die furchtbaren Konsequenzen des Todes Gottes aufmerksam zu machen versuchte, kehrt hier in der Trauer des alten Papstes wieder: »Wer aber nähme dir [Papst] *deine* Schwermuth von der Schulter? Dazu bin ich [Zarathustra] zu schwach.« (ebd.; 325)
Nicht nur die selbstverständliche Gottlosigkeit Zarathustras, sondern auch die schwermütige des Papstes sind Nietzsches eigene Erfahrungen. In einer autobiographischen Skizze notiert der Pastorensohn zu

seiner Kindheit: »Gott in seinem Glanze gesehen« (KSA 8, 505). Neben dem Aphorismus vom »tollen Menschen« reflektieren noch viele weitere Textzeugnisse das zeitweilige Gefühl von Verlorenheit, ja Verzweiflung über den Verlust dieses Gottes, und selbst sein später »Fluch gegen das Christenthum«, der *Antichrist*, enthält noch Passagen, die geradezu liebevoll über Jesus von Nazareth sprechen.

> Dieser ›frohe Botschafter‹ starb wie er lebte, wie er *lehrte* – *nicht* um ›die Menschen zu erlösen‹, sondern um zu zeigen, wie man zu leben hat. Die *Praktik* ist es, welche er der Menschheit hinterliess: sein Verhalten vor den Richtern, vor den Häschern, vor den Anklägern und aller Art Verleumdung und Hohn, – sein Verhalten am *Kreuz*. Er widersteht nicht, er vertheidigt nicht sein Recht, er thut keinen Schritt, der das Äusserste von ihm abwehrt, mehr noch, *er fordert es heraus* ... Und er bittet, er leidet, er liebt *mit* denen, *in* denen, die ihm Böses thun ... Die Worte zum *Schächer* am Kreuz enthalten das ganze Evangelium. ›Das ist wahrlich ein *göttlicher* Mensch gewesen, ein ›Kind Gottes‹ sagt der Schächer. ›Wenn du dies fühlst – an[t]wortet der Erlöser – *so bist du im Paradiese*, so bist auch du ein Kind Gottes ...‹ *Nicht* sich wehren, *nicht* zürnen, *nicht* verantwortlich-machen ... Sondern auch nicht dem Bösen widerstehen, – ihn *lieben*... (KSA 6, 207f.)

Ekel

Ich, Zarathustra, der Fürsprecher des Lebens, der Fürsprecher des Leidens, der Fürsprecher des Kreises – dich rufe ich, meinen abgründlichsten Gedanken!

Heil mir! Du kommst – ich höre dich! Mein Abgrund *redet*, meine letzte Tiefe habe ich an's Licht gestülpt!

> Heil mir! Heran! Gieb die Hand – ha! lass! Haha!– Ekel, Ekel, Ekel – wehe mir! (Z, Der Genesende, 271)

Zarathustras Ekel ist keine Nebensache. Er hat zu tun mit einem seiner zentralen Gedanken – dem »abgründlichsten«. Zarathustra ruft diesen Gedanken in der Art, wie ein Geist von seinem Meister beschworen wird: Er legitimiert seine Beschwörung, indem er sich mit seinem Namen und seinen Titeln ausweist. Diese Titel stellen die Verbindung zu zentralen Gedankenkomplexen des *Zarathustra* her: der radikalen Immanenz, also dem Verneinen jeglicher Jenseitigkeit (»Fürsprecher des Lebens«, »Fürsprecher des Leidens«) und der ewigen Wiederkehr des Gleichen (»Fürsprecher des Kreises«). Auch dies weist darauf hin, daß der Ekel nicht nebensächlich ist. Zarathustra befiehlt dem abgründlichsten Gedanken heraufzukommen und, indem sich dieser Gedanke einstellt, entfaltet sich zwischen den Ausrufen »Heil mir!« und »[...] — wehe mir!« der Ekel.

Dieser Ekel ist so heftig, daß Zarathustra »gleich einem Todten« niederstürzt und sich im folgenden sieben Tage lang auskurieren muß. Erst danach ist der Ekel ganz überwunden:

> Endlich, nach sieben Tagen richtete sich Zarathustra auf seinem Lager auf, nahm einen Rosenapfel in die Hand, roch daran und fand seinen Geruch lieblich. (ebd., 271)

Eine zentrale Facette Zarathustras ist daher, daß er diesen maßlosen Ekel zwar verspürt, aber auch überwindet:

> ›[... der Berg-Prediger spricht] Diess ist der Mensch ohne Ekel, diess ist Zarathustra selber, der Überwinder des grossen Ekels, diess ist das Auge, diess ist der Mund, diess ist das Herz Zarathustra's selber.‹

> [...] ›Sprich nicht von mir, du Wunderlicher! Lieblicher! sagte Zarathustra und wehrte seiner Zärtlichkeit, sprich mir erst von dir! [...]‹ (Z, Der freiwillige Bettler, 334f.)

Zarathustra, der »Überwinder des grossen Ekels« – worin besteht dieser Ekel, worauf bezieht er sich? Schon bevor ihm der große Ekel derart zusetzt, berichtet Zarathustra:

> Sondern ich fragte einst und erstickte fast an meiner Frage: wie? hat das Leben auch das Gesindel *nöthig*?
>
> [...]
>
> Nicht mein Hass, sondern mein Ekel frass mir hungrig am Leben! Ach, des Geistes wurde ich oft müde, als ich auch das Gesindel geistreich fand! (Z, Vom Gesindel, 125)

Zarathustras Haltung zum »Gesindel« färbte den Blick auf das Dasein selbst: »mein Ekel frass mir hungrig am Leben«.

Diese Haltung steht stellvertretend für etwas, das Nietzsche in *Ecce homo* den »Ekel am Menschen« nennt: Zarathustra empfindet diesen nicht permanent, er kennt auch die Liebe zum Menschen, ja sogar das Mitleid mit Menschen. Zarathustras Ekel am Menschen ist die Kehrseite seiner ganz persönlichen Menschenliebe. Schon in der Vorrede wird der Grund und Ansatzpunkt dieser speziellen Menschenliebe deutlich:

> Was gross ist am Menschen, das ist, dass er eine Brücke und kein Zweck ist: was geliebt werden kann am Menschen, das ist, dass er ein *Übergang* und ein *Untergang* ist. (Z, Zarathustra's Vorrede, 16f.)

Die alltäglichen Häßlichkeiten und Gemeinheiten, aber auch das Leiden und Zerbrechen am Leben machen das Unvollkommene und aus Nietzsches Sicht Unfertige des Lebewesens Mensch aus. Gerade die Unfertigkeit aber ist sowohl Grund der spezifischen Menschenliebe als auch des Ekels am Menschen, die Nietzsche im *Zarathustra* schildert. Wie Zarathustra seinen Ekel überwindet, so auch seine Liebe, endlich sogar sein Mitleiden. Letzteres erst auf der letzten Seite des *Zarathustra*. Nietzsche selbst kommentiert diese Entwicklung. Was Zarathustra erreicht, ist die Darstellung einer Perspektive, in welcher der Mensch sich selbst als künstlerische Herausforderung, als Stoff zur Vollendung begreift:

> An einer andren Stelle bestimmt er so streng als möglich, was für ihn allein ›der Mensch‹ sein kann – *kein* Gegenstand der Liebe oder gar des Mitleidens – auch über den *grossen Ekel* am Menschen ist Zarathustra Herr geworden: der Mensch ist ihm eine Unform, ein Stoff, ein hässlicher Stein, der des Bildners bedarf. (KSA 6, 348)

Der Gedanke der Wiederkunft des Gleichen aber verschärft den Ekel am Menschen. Das Streben nach Selbsterlösung im Sinne eines Fortschrittes zu immer größerer Vollkommenheit fällt in sich zusammen.

> Aber der Knoten von Ursachen kehrt wieder, in den ich verschlungen bin, – der wird mich wieder schaffen! Ich selber gehöre zu den Ursachen der ewigen Wiederkunft. (Z, Der Genesende, 276)

Das Unfertige kehrt als Unfertiges genauso wieder wie das Vollendete als Vollendetes. Erst jetzt wird der Ekel am Häßlichen, das durch keinen Fortschritt mehr überwunden werden kann, zum großen Ekel am Dasein:

Allzuklein der Grösste! – Das war mein Überdruss am Menschen! Und ewige Wiederkunft auch des Kleinsten! – Das war mein Überdruss an allem Dasein!

Ach, Ekel! Ekel! Ekel! – Also sprach Zarathustra und seufzte und schauderte; denn er erinnerte sich seiner Krankheit. (ebd., 274f.)

Bejahung

Amor fati: das sei von nun an meine Liebe! Ich will keinen Krieg gegen das Hässliche führen. Ich will nicht anklagen, ich will nicht einmal die Ankläger anklagen. *Wegsehen* sei meine einzige Verneinung! Und, Alles in Allem und Grossen: ich will irgendwann einmal nur noch ein Ja-sagender sein! (KSA 3, 521)

Hier in dem 1887 – also nach Abfassung des *Zarathustra* – der *Fröhlichen Wissenschaft* angefügten fünften Buch spricht Nietzsche von sich selbst. Was für ihn Ziel und Vorsatz ist, nimmt er in der Gestalt des Zarathustra vorweg:

[...] – So sprach Z‹arathustra› *›ich klage nicht an, ich will selbst die Ankläger nicht anklagen‹* (KSA 9, 616)

Ich aber bin ein Segnender und ein Ja-sager, wenn du nur um mich bist, du Reiner! Lichter! Du Licht-Abgrund! – in alle Abgründe trage ich da noch mein segnendes Ja-sagen. (Z, Vor Sonnen-Aufgang, 208f.)

Was sich schon am Stil des *Zarathustra* beobachten läßt, das weitgehende Fehlen polemischer Attacken, setzt sich inhaltlich fort. Zarathustra greift nicht an, er bestreitet in seinen Wertungen keine Daseinsberechtigungen, übt keine *vernichtende* Kritik.

Diese Haltung ringt sich Zarathustra an einigen Stellen schwer ab. Er muß dazu die unmittelbarste –

gewissermaßen leibhaftigste – Form des Verabscheuens zunächst überwinden, seinen Ekel.

Es gibt einen bemerkenswerten Abschnitt im dritten Buch des *Zarathustra*, der verdeutlicht, daß Zarathustra gerade nicht bei seinem Ekel stehenbleibt. Zarathustra trifft auf eine Figur, die ein Zerrbild seiner selbst ist, indem sie ihn und seine Lehre nachäfft:

> Diess aber war der selbige Narr, welchen das Volk ›den Affen Zarathustra's‹ hiess: denn er hatte ihm Etwas vom Satz und Fall der Rede abgemerkt und borgte wohl gerne auch vom Schatze seiner Weisheit. (Z, Vom Vorübergehen, 222)

Im dem Appell, den dieser Narr an Zarathustra richtet, finden sich zum Teil wörtliche Übereinstimmungen mit dessen Reden – beispielsweise der ›Vom neuen Götzen‹. Zarathustra jedoch distanziert sich:

> Was war es denn, was dich zuerst grunzen machte? Dass Niemand dir genug *geschmeichelt* hat: – darum setztest du dich hin zu diesem Unrathe, dass du Grund hättest viel zu grunzen, –
>
> – dass du Grund hättest zu vieler *Rache*! Rache nämlich, du eitler Narr, ist all dein Schäumen, ich errieth dich wohl!
>
> Aber dein Narren-Wort thut *mir* Schaden, selbst, wo du Recht hast! Und wenn Zarathustra's Wort sogar hundert Mal Recht *hätte*: *du* würdest meinem Wort immer – Unrecht *thun*!‹ (ebd., 224f.)

Diese letzte Bemerkung weist sehr deutlich darauf hin, daß die Reden Zarathustras nicht einzeln in der Art von Lehrsätzen zu verstehen sind, sondern einerseits im Zusammenhang aller seiner – manchmal sogar sich widersprechenden – Aussprüche, andererseits aber auch in Verbindung mit der facettenreichen

Schilderung des Typus Zarathustra. Es ist von Bedeutung, wer spricht und aus welcher Motivation.

Zarathustra läßt seine Abscheu hinter sich:

> Diese Lehre aber gebe ich dir, du Narr, zum Abschiede: wo man nicht mehr lieben kann, da soll man – *vorübergehn!* –
>
> Also sprach Zarathustra und gieng an dem Narren und der grossen Stadt vorüber. (ebd.)

Zarathustra ist kein Gegner, Zarathustra insgesamt ist stattdessen ein Gegenentwurf. Als Gegenentwurf, als große Alternative, stellt er das bisherige komplett in Frage, er »thut« »Nein«, gleichzeitig bleibt er der »Ja-sagende«. Nietzsche kommentiert in *Ecce homo*:

> Das psychologische Problem im Typus des Zarathustra ist, wie der, welcher in einem unerhörten Grade Nein sagt, Nein *thut*, zu Allem, wozu man bisher Ja sagte, trotzdem der Gegensatz eines neinsagenden Geistes sein kann; wie der das Schwerste von Schicksal, ein Verhängniss von Aufgabe tragende Geist trotzdem der leichteste und jenseitigste sein kann – Zarathustra ist ein Tänzer –; wie der, welcher die härteste, die furchtbarste Einsicht in die Realität hat, welcher den ›abgründlichsten Gedanken‹ gedacht hat, trotzdem darin keinen Einwand gegen das Dasein, selbst nicht gegen dessen ewige Wiederkunft findet, – vielmehr einen Grund noch hinzu, das ewige Ja zu allen Dingen selbst zu sein, ›das ungeheure unbegrenzte Ja- und Amensagen‹ … ›In alle Abgründe trage ich noch mein segnendes Jasagen‹ … *Aber das ist der Begriff des Dionysos noch einmal.* (KSA 6, 344f.)

Alles Bestehende sieht sich durch den Gegenentwurf Zarathustras, der »Nein *thut*, zu Allem, wozu man bisher Ja sagte« radikal in Frage gestellt. Dennoch übt Zarathustra keine *vernichtende* Kritik. Seine Haltung ist die einer »neuen Gerechtigkeit«. Diese wird erst möglich durch die Überwindung, die Kehrseite des großen Ekels: das »ungeheure unbegrenzte Ja- und Amen-sagen« Zarathustras, das den Wegfall jedes fundamentalen »Einwand[s] gegen das Leben« – selbst angesichts einer möglichen ewigen Wiederkehr des Gleichen – bedeutet. Hierdurch läßt er allem auf sehr grundsätzliche Weise Gerechtigkeit widerfahren. Diese »neue Gerechtigkeit« findet sich fast programmatisch in Nietzsches *Fröhlicher Wissenschaft* wieder:

> *Auf die Schiffe*! – Erwägt man, wie auf jeden Einzelnen eine philosophische Gesammt-Rechtfertigung seiner Art, zu leben und zu denken, wirkt – nämlich gleich einer wärmenden, segnenden, befruchtenden, eigens ihm leuchtenden Sonne, wie sie unabhängig von Lob und Tadel, selbstgenugsam, reich, freigebig an Glück und Wohlwollen macht, wie sie unaufhörlich das Böse zum Guten umschafft, alle Kräfte zum Blühen und Reifwerden bringt und das kleine und grosse Unkraut des Grams und der Verdriesslichkeit gar nicht aufkommen lässt: – so ruft man zuletzt verlangend aus: oh dass doch viele solche neue Sonnen noch geschaffen würden! Auch der Böse, auch der Unglückliche, auch der Ausnahme-Mensch soll seine Philosophie, sein gutes Recht, seinen Sonnenschein haben! Nicht Mitleiden mit ihnen thut noth! – diesen Einfall des Hochmuths müssen wir verlernen, so lange auch bisher die Menschheit gerade an ihm gelernt und geübt hat – keine Beichtiger, Seelenbeschwörer und Sündenvergeber haben wir für sie aufzustellen! Sondern eine neue *Gerechtigkeit* thut noth! Und eine neue Losung! Und neue Philosophen! Auch die moralische Erde hat ihre Antipoden! Auch die Antipoden haben ihr Recht des Daseins! Es giebt noch eine andere Welt zu entdecken – und mehr als eine! Auf die Schiffe, ihr Philosophen! (KSA 3, 529f.)

Aus dem Bild der »eigens ihm leuchtenden Sonne« wird »sein eigener Himmel«, der über jedem Ding steht. Das Bild wird zur Selbstbeschreibung Zarathustras, der durch das Überwinden des großen Ekels ein Ja-sagender, Segnender geworden ist:

> Ich aber bin ein Segnender und ein Ja-sager, wenn du nur um mich bist, du Reiner! Lichter! Du Licht-Abgrund! – in alle Abgründe trage ich da noch mein segnendes Ja-sagen.
>
> Zum Segnenden bin ich worden und zum Ja-sagenden: und dazu rang ich lange und war ein Ringer, dass ich einst die Hände frei bekäme zum Segnen.
>
> Das aber ist mein Segnen: über jedwedem Ding als sein eigener Himmel stehn, als sein rundes Dach, seine azurne Glocke und ewige Sicherheit: und selig ist, wer also segnet.
>
> Denn alle Dinge sind getauft am Borne der Ewigkeit und jenseits von Gut und Böse; Gut und Böse selber aber sind nur Zwischenschatten und feuchte Trübsale und Zieh-Wolken.
>
> Wahrlich ein Segnen ist es und kein Lästern, wenn ich lehre: ›über allen Dingen steht der Himmel Zufall, der Himmel Unschuld, der Himmel Ohngefähr, der Himmel Übermuth.‹
>
> ›Von Ohngefähr‹ – das ist der älteste Adel der Welt, den gab ich allen Dingen zurück, ich erlöste sie von der Knechtschaft unter dem Zwecke. (Z, Vor Sonnen-Aufgang, 208f.)

Hier treffen sich mehrere Gedankenzüge im Bild des Ja-sagenden Zarathustra: Eine Anspielung erinnert an die Überwindung des großen Ekels – »[…] und dazu rang ich lange und war ein Ringer«; gleich mehrere Hinweise auf den Gedanken der ewigen Wiederkunft treten hinzu – »Denn alle Dinge sind getauft am Borne der Ewigkeit«. Dieses zentrale Gedankenspiel Nietzsches liegt hier der neuen Gerechtigkeit zugrunde. In Nietzsches Gedankenspiel, wo alles in Ewigkeit so wiederkehrt, wie es ist, ist ein vollständiges Ende von Entwicklungen unmöglich, sind Zwecke und Ziele daher immer nur zeitweilig und vorübergehend. Bewertungen, die aus diesen entspringen, wie nützlich oder unnütz, gut und böse treten nur vorübergehend zu den Dingen, können nur relative Gültigkeit beanspruchen. Nietzsche notiert sich 1883:

> Wichtigster Gesichtspunkt: *die* **Unschuld** *des Werdens zu gewinnen, dadurch, daß man die* **Zwecke** *ausschließt.* (KSA 10, 245)

Mit den Zwecken fällt aber auch jede Rechtfertigung des Daseins durch Endziele: Es ist nicht länger etwas, damit ... oder umzu ... .

> Und sind nicht solchermaassen fest alle Dinge verknotet, dass dieser Augenblick *alle* kommenden Dinge nach sich zieht? *Also* – sich selber noch? (Z, Vom Gesicht und Räthsel, 200)

Erlöst von der »Knechtschaft unter dem Zwecke« ist alles gewissermaßen einfach so da, »von Ohngefähr« – wie es in Zarathustras Sprechweise heißt. Hinzuweisen ist darauf, daß Zarathustra eigens betont, diese Konzequenz sei in seinem Munde kein »Lästern«, keine Minderung an Wert und Würde, sondern im Gegenteil ein »Segnen«.

Gemeinhin werden wir, wie Nietzsche einmal in der *Fröhlichen Wissenschaft* erörtert, selbst oder gerade, wenn etwas gelingt, verführt, einen höheren Zweck oder eine Vorsehung dahinter zu vermuten. Nietzsche bemerkt dazu kritisch:

> Nun – ich meine trotzalledem! wir wollen die Götter in Ruhe lassen und die dienstfertigen Genien ebenfalls und uns mit der Annahme begnügen, dass unsere eigene practische und theoretische Geschicklichkeit im

Auslegen und Zurechtlegen der Ereignisse jetzt auf ihren Höhepunct gelangt sei. Wir wollen auch nicht zu hoch von dieser Fingerfertigkeit unserer Weisheit denken, wenn uns mitunter die wunderbare Harmonie allzusehr überrascht [...]. In der That, hier und da spielt Einer *mit* uns – der liebe Zufall: [...]. (KSA 3, 522)

Zarathustras – mühsam dem großen Ekel abgerungenes – Ja-sagen ist Nietzsches Entwurf einer Haltung, die aus der »Physiologie« eines »unendlichen Wohlseins« heraus wahrnehmen kann, daß alles »einfach so« ist, und dem grundsätzlich zustimmt.

Schaffen, Lieben, Vernichten, Leiden

In Zarathustra 6 die große Synthesis des Schaffenden, Liebenden, Vernichtenden (KSA 11, 360)

Aber dass der Schaffende sei, dazu selber thut Leid noth und viel Verwandelung. (Z, Auf den glückseligen Inseln, 110)

Der Plan Nietzsches und die Zarathustra in den Mund gelegte Aussage dokumentieren, daß die darin genannten Facetten in engem Zusammenhang stehen. Auf den ersten Blick könnte die Zusammenstellung kaum widersprüchlicher und merkwürdiger sein – eine Beobachtung, die fragen läßt, weshalb Nietzsche gerade hier eine Synthese versuchte.

Ein erster Ansatz ist es, zunächst nachzusehen, was Zarathustra schafft, in welcher Hinsicht und auf welche Weise er ein Schaffender ist.

Hinweise darauf lassen sich in einer Passage finden, in welcher Zarathustra mit dem Bild eines Baumzüchters, der seine Sprößlinge verpflanzt, schildert, wie seine »Kinder« – seine Nachkommenschaft wohl nicht im engeren biologischen Sinn – zu Mitschaffenden herangezogen und ausgewählt werden:

> Noch grünen mir meine Kinder in ihrem ersten Frühlinge, nahe bei einander stehend und gemeinsam von Winden geschüttelt, die Bäume meines Gartens und besten Erdreichs.
>
> Und wahrlich! Wo solche Bäume bei einander stehn, da *sind* glückselige Inseln!
>
> Aber einstmals will ich sie ausheben und einen Jeden für sich allein stellen: dass er Einsamkeit lerne und Trotz und Vorsicht.
>
> Knorrig und gekrümmt und mit biegsamer Härte soll er mir dann am Meere dastehn, ein lebendiger Leuchtthurm unbesiegbaren Lebens.
>
> Dort, wo die Stürme hinab in's Meer stürzen, und des Gebirgs Rüssel Wasser trinkt, da soll ein Jeder einmal seine Tag- und Nachtwachen haben, zu *seiner* Prüfung und Erkenntniss.
>
> Erkannt und geprüft soll er werden, darauf, ob er meiner Art und Abkunft ist, – ob er eines langen Willens Herr sei, schweigsam, auch wenn er redet, und nachgebend also, dass er im Geben *nimmt*: –
>
> – dass er einst mein Gefährte werde und ein Mitschaffender und Mitfeiernder Zarathustra's-: ein Solcher, der mir meinen Willen auf meine Tafeln schreibt: zu aller Dinge vollerer Vollendung. (Z, Von der Seligkeit wider Willen, 204)

Die Ortsbescheibung ist sorgfältig gewählt: Nietzsche kombiniert verschiedene landschaftliche und klimatische Charakteristika, die an anderen Stellen seines Werkes wieder mit gedanklichem Inhalt gefüllt werden. Die Ortsbeschreibung ist wieder mehr eine Landschaft aus Gedanken als eine Naturkulisse: ein Gebirgsrand am Meer, stürmische Fallwinde.

Das Gebirge ist die Landschaft der philosophischen Distanz, gewissenmaßen die einer philosophischen

Vogelperspektive auf das Dasein. Nietzsche formuliert diese Verknüpfung in *Ecce homo*:

> – Wer die Luft meiner Schriften zu athmen weiss, weiss, dass es eine Luft der Höhe ist, eine *starke* Luft. Man muss für sie geschaffen sein, sonst ist die Gefahr keine kleine, sich in ihr zu erkälten. Das Eis ist nahe, die Einsamkeit ist ungeheuer – aber wie ruhig alle Dinge im Lichte liegen! wie frei man athmet! wie Viel man *unter* sich fühlt! – Philosophie, wie ich sie bisher verstanden und gelebt habe, ist das freiwillige Leben in Eis und Hochgebirge – das Aufsuchen alles Fremden und Fragwürdigen im Dasein, alles dessen, was durch die Moral bisher in Bann gethan war. (KSA 6, 258)

Die Mechanismen des Daseins liegen einem fast unbeteiligten Betrachter zu Füßen. Zu diesen Mechanismen gehören auch und vor allem Zweck- und Wertsetzungen; das Gebirge ist auch die Landschaft für ein »Jenseits von Gut und Böse«.

Das Meer ist die Gegend neuer Entdeckungen, neuer Perspektiven, aber auch die einer »furchtbaren« Unendlichkeit:

> […] Es giebt noch eine andere Welt zu entdecken – und mehr als eine! Auf die Schiffe, ihr Philosophen! (KSA 3, 530)

> Wir haben das Land verlassen und sind zu Schiff gegangen! Wir haben die Brücke hinter uns, – mehr noch, wir haben das Land hinter uns abgebrochen! Nun, Schifflein! sieh' dich vor! Neben dir liegt der Ocean, es ist wahr, er brüllt nicht immer, und mitunter liegt er da, wie Seide und Gold und Träumerei der Güte. Aber es

kommen Stunden, wo du erkennen wirst, dass er unendlich ist und dass es nichts Furchtbareres giebt, als Unendlichkeit. [...] (KSA 3, 480)

Der Ort, an den diejenigen verpflanzt werden, die zu Zarathustras Mitschaffenden herangezogen werden sollen, liegt dort, wo diese beiden Landschaftsbilder für Gedanken kombiniert werden. Diese Zusammenstellung ist kein neutrales Nebeneinander, sondern heftiges Wechselwirken: »wo die Stürme hinab in's Meer stürzen, und des Gebirgs Rüssel Wasser trinkt«.

Der Platz ist unwirtlich, und er ist einsam. Der dahin verpflanzte Baum muß sich in der Unwirtlichkeit zwischen philosophischer Distanz und Entdeckungsexpedition ins Unendliche behaupten, hier eine eigene Lebensmöglichkeit finden.

Als Mitschaffender Zarathustras wird er einen eigenen Lebensentwurf, einen eigenen Typus darstellen, der auch unter diesen klimatischen Bedingungen, die für philosophische Gesichtspunkte stehen, lebensfähig ist: »ein lebendiger Leuchtthurm unbesiegbaren Lebens«.

In einem Abschnitt von *Jenseits von Gut und Böse* beschreibt Nietzsche weniger metaphorisch einen Werdegang durch philosophische Gesichtspunkte hindurch:

Es mag zur Erziehung des wirklichen Philosophen nöthig sein, dass er selbst auch auf allen diesen Stufen einmal gestanden hat, auf welchen seine Diener, die wissenschaftlichen Arbeiter der Philosophie, stehen bleiben, – stehen bleiben *müssen*; er muss selbst vielleicht Kritiker und Skeptiker und Dogmatiker und Historiker und überdies Dichter und Sammler und Reisender und Räthselrather und Moralist und Seher und ›freier Geist‹ und beinahe Alles gewesen sein, um den Umkreis menschlicher Werthe und Werth-Gefühle zu durchlaufen und mit vielerlei Augen und Gewissen, von der Höhe in jede Ferne, von der Tiefe in jede Höhe, von der Ecke in jede Weite, blicken zu *können*. (KSA 5, 144)

Und indem Nietzsche fortfährt, stellt er den Zusammenhang zwischen diesen »wirklichen Philosophen« und den Schaffenden im Sinne der »Mitschaffenden Zarathustras« her:

> Aber dies Alles sind nur Vorbedingungen seiner Aufgabe: diese Aufgabe selbst will etwas Anderes, – sie verlangt, dass er *Werthe schaffe*.
>
> [...] *Die eigentlichen Philosophen aber sind Befehlende und Gesetzgeber*: sie sagen ›so *soll* es sein!‹, sie bestimmen erst das Wohin? und Wozu? des Menschen [...], – sie greifen mit schöpferischer Hand nach der Zukunft, und Alles, was ist und war, wird ihnen dabei zum Mittel, zum Werkzeug, zum Hammer. Ihr ›Erkennen‹ ist *Schaffen*, ihr Schaffen ist eine Gesetzgebung, ihr Wille zur Wahrheit ist – *Wille zur Macht*. Giebt es heute solche Philosophen? Gab es schon solche Philosophen? *Muss* es nicht solche Philosophen geben? ... (KSA 5, 144f.)

Die Schaffenden, von denen Zarathustra spricht, sind in erster Linie solche Werte-Schaffenden, Wertsetzer. Nietzsche notiert während der Abfassung des *Zarathustra*:

> ein Schaffender ist, der neue Werthe schafft. Aber der Künstler nicht! (KSA 10, 184)

Auch im *Zarathustra* wird diese Verbindung hergestellt. Zarathustra selbst sitzt und wartet zwischen Tafeln, »alte[n] zerbrochene[n]« und »neue[n] halb beschriebene[n]«. Die Assoziation der Gesetzestafeln Moses, auch sie beim ersten Mal vom zornigen Mose zerbrochen, liegt nahe. Der Blick auf Zarathustra zwischen alten und neuen Gesetzes- bzw. Werttafeln ist der Blick auf einen Schaffenden während einer Arbeitspause, in der er von sich und seiner Arbeit berichtet:

> Als ich zu den Menschen kam, da fand ich sie sitzen auf einem alten Dünkel: Alle dünkten sich lange schon zu wissen, was dem Menschen gut und böse sei.
>
> [...] Diese Schläferei störte ich auf, als ich lehrte: was gut und böse ist, *das weiss noch Niemand*: – es sei denn der Schaffende!
>
> – Das aber ist Der, welcher des Menschen Ziel schafft und der Erde ihren Sinn giebt und ihre Zukunft: Dieser erst *schafft es, dass* Etwas gut und böse ist. (Z, Von alten und neuen Tafeln, 246f.)

Wissen, was dem Menschen gut und böse ist – Zarathustra spielt mit einer doppelten Bedeutung, die er diesem Satz gibt. Im herkömmlichen Sinne meint derjenige zu wissen, was gut und böse ist, der anhand dieses Maßstabes über sein Leben oder das anderer urteilt, der diesen Maßstab gewissermaßen abzulesen lernte. Zarathustra deutet demgegenüber an, daß wissen, was gut und böse ist, auch heißen kann: wissen, wie solche Maßstäbe hergestellt werden und warum.

Zunächst gibt es gar keine einzelnen Schaffenden, die sich darüber hinaus Rechenschaft über Methoden und Gründe ihrer Arbeit geben könnten. Ein längerer Abschnitt im ersten Buch berichtet über Zarathustras Reiseerfahrungen fast im Sinne einer vergleichenden Verhaltensforschung:

> Von tausend und Einem Ziele
>
> Viele Länder sah Zarathustra und viele Völker: so entdeckte er vieler Völker Gutes und Böses. Keine grös-

sere Macht fand Zarathustra auf Erden, als gut und böse.

Leben könnte kein Volk, das nicht erst schätzte; will es sich aber erhalten, so darf es nicht schätzen, wie der Nachbar schätzt.

Vieles, das diesem Volke gut hiess, hiess einem andern Hohn und Schmach: also fand ich's.

[...].

Wahrlich, die Menschen gaben sich alles ihr Gutes und Böses. Wahrlich, sie nahmen es nicht, sie fanden es nicht, nicht fiel es ihnen als Stimme vom Himmel.

Werthe legte erst der Mensch in die Dinge, sich zu erhalten, – er schuf erst den Dingen Sinn, einen Menschen-Sinn! Darum nennt er sich ›Mensch‹, das ist: der Schätzende.

Schätzen ist Schaffen: hört es, ihr Schaffenden! [...].

Wandel der Werthe, – das ist Wandel der Schaffenden. Immer vernichtet, wer ein Schöpfer sein muss.

Schaffende waren erst Völker und spät erst Einzelne; wahrlich, der Einzelne selber ist noch die jüngste Schöpfung. [...].

Tausend Ziele gab es bisher, denn tausend Völker gab es. Nur die Fessel der tausend Nacken fehlt noch, es fehlt das Eine Ziel. Noch hat die Menschheit kein Ziel.

Aber sagt mir doch, meine Brüder: wenn der Menschheit das Ziel noch fehlt, fehlt da nicht auch – sie selber noch? – (Z, Von tausend und Einem Ziele, 74ff.)

An dieser Passage sind gleich mehrere Aspekte interessant: zunächst die – mit einer nicht ganz stichhaltigen Herleitung von »Mensch« aus dem Lateinischen – Bestimmung des Wertens als wesentliche und fundamentale Fähigkeit des Menschen. Gleich zu Beginn wird festgestellt, daß Menschen, um in funktionsfähigen Sippen oder Völkern überleben zu können, von dieser Fähigkeit ständig Gebrauch machen. Die identitätsstiftende Wirkung verschiedener Wertungen und Sitten stellt sich als notwendig zur Abgrenzung verschiedener Gruppen und Völker gegeneinander dar. Schließlich wird berichtet, daß die Herstellung von Wertsetzungen und Sitten zunächst das – unreflektierte – Werk der Völker und erst viel später Sache einzelner ist, ja daß Individualität, die (Selbst-)Wahrnehmung einzelner Individuen durch das Gattungswesen Mensch, erst aufgrund einer speziellen Wertung – Schöpfung – möglich wurde. Nietzsche beschäftigt sich seit seinen frühen Schriften mit diesem Themenkreis; ein eigenes Buch zur Entstehungsgeschichte von Moral entsteht noch 1887: die *Genealogie der Moral.*

Wenn die Anwesenheit von Gesetz gewordener Wertung so grundlegend zum menschlichen Dasein gehört, kann eine neue Wertsetzung immer nur vor dem Hintergrund einer bereits bestehenden erfolgen. Deren Gesetz wird gebrochen. Neue Wertsetzungen, zumal diejenigen einzelner, gehen mit der Vernichtung älterer einher. Mit der Formulierung: »Immer vernichtet, wer ein Schöpfer sein muss« wird endlich deutlich, weshalb Nietzsche die Facette des Schaffenden und die des Vernichtenden in so engen Zusammenhang stellt.

Auffällig ist, daß jemand »Schöpfer sein muss«. Eine innere Dynamik der menschlichen Wertsetzungen selbst erzwingt dies, es geschieht nicht aus einer augenblicklichen Anmaßung heraus:

> Wahrlich, ich sage euch: Gutes und Böses, das unvergänglich wäre – das giebt es nicht! Aus sich selber muss es sich immer wieder überwinden.
>
> Mit euren Werthen und Worten von Gut und Böse übt ihr Gewalt, ihr Werthschätzenden: und diess ist eure verborgene Liebe und eurer Seele Glänzen, Zittern und Überwallen.
>
> Aber eine stärkere Gewalt wächst aus euren Werthen und eine neue Überwindung: an der zerbricht Ei und Eierschale.

Und wer ein Schöpfer sein muss im Guten und Bösen: wahrlich, der muss ein Vernichter erst sein und Werthe zerbrechen. (Z, Von der Selbst-Ueberwindung, 149)

Diese innere Dynamik, die immer wieder zum Bruch alter und zur gleichzeitigen Setzung neuer Werte drängt, wird Nietzsche in der Zeit nach dem *Zarathustra* noch intensiv beschäftigen. Er versucht – teilweise systematisch – diese Dynamik als fundamental für Seiendes allgemein herauszustellen. Der Begriff für diese Dynamik fällt schon direkt vor der zitierten Stelle:

›Nur, wo Leben ist, da ist auch Wille: aber nicht Wille zum Leben, sondern – so lehre ich's dich – Wille zur Macht!‹

›Vieles ist dem Lebenden höher geschätzt, als Leben selber; doch aus dem Schätzen selber heraus redet – der Wille zur Macht! –‹ (ebd.)

Es wird auf diese Überlegung noch einzugehen sein, hier soll nur der Hintergrund skizziert werden, vor dem die Gedanken zum Schaffen und Vernichten von Werten geäußert werden.

Die Worte »Schöpfer« und »Vernichter« haben etwas Titanisches an sich, sie rufen Assoziationen von großen Ereignissen, Massenumsturz, Revolution oder gar globalen Katastrophen hervor. Im *Zarathustra* wird – ohne daß der im wahrsten Sinne weltbewegende Anspruch von Umwertungen aufgegeben wäre – solchen grandiosen Vorstellungen entschieden entgegengetreten. Im Abschnitt ›Von grossen Ereignissen‹ heißt es:

›Freiheit‹ brüllt ihr Alle am liebsten: aber ich verlernte den Glauben an ›grosse Ereignisse,‹ sobald viel Gebrüll und Rauch um sie herum ist.

> Und glaube mir nur, Freund Höllenlärm! Die grössten Ereignisse – das sind nicht unsre lautesten, sondern unsre stillsten Stunden.
>
> Nicht um die Erfinder von neuem Lärme: um die Erfinder von neuen Werthen dreht sich die Welt; *unhörbar* dreht sie sich. (Z, Von grossen Ereignissen, 169)

Das Pathos der großen Worte »Schöpfer«, »Vernichter« wird hier komplett zurückgenommen. Die »Erfinder« von Wertungen treten an diese Stelle. Eine Umwertung kann in den einsamen, »stillsten Stunden« geschehen, wenn eine alte Sichtweise plötzlich einer ganz neuen Perspektive Platz macht. In *Jenseits von Gut und Böse* stellt Nietzsche ausdrücklich die Gleichung zwischen »grössten Gedanken« und »grössten Ereignissen« auf:

> Die grössten Ereignisse und Gedanken – aber die grössten Gedanken sind die grössten Ereignisse – werden am spätesten begriffen: die Geschlechter, welche mit ihnen gleichzeitig sind, *erleben* solche Ereignisse nicht,– sie leben daran vorbei. Es geschieht da Etwas, wie im Reich der Sterne. Das Licht der fernsten Sterne kommt am spätesten zu den Menschen; und bevor es nicht angekommen ist, *leugnet* der Mensch, dass es dort – Sterne giebt. (KSA 5, 232)

Entsprechend merkwürdig kann sich auch die »Vernichtung« darstellen. Werte werden am gründlichsten dadurch beseitigt, daß sie nicht ernst genommen werden:

> ›Nicht durch Zorn, sondern durch Lachen tödtet man‹ – so sprachst du einst. Oh Zarathustra, du Verborgener, du Vernichter ohne Zorn, du gefährlicher Heiliger, – du bist ein Schelm!‹ (Z, Das Eselsfest, 392)

In der *Fröhlichen Wissenschaft* formuliert Nietzsche kommentierend die Zusammengehörigkeit von Schaffen und Vernichten in diesem speziellen Sinn:

> [...]. Was wäre das für ein Narr, der da meinte, es genüge, auf diesen Ursprung [den Schein] und diese Nebelhülle des Wahnes hinzuweisen, um die als wesenhaft geltende Welt, die sogenannte *›Wirklichkeit‹, zu vernichten*! Nur als Schaffende können wir vernichten! – Aber vergessen wir auch diess nicht: es genügt, neue Namen und Schätzungen und Wahrscheinlichkeiten zu schaffen, um auf die Länge hin neue ›Dinge‹ zu schaffen. (KSA 3, 422)

Es bleibt nicht dabei. Insofern ein Vernichten immer mit dem Schaffen und Vorbereiten von Neuem zusammenfällt, wird für Nietzsche ein Einverständnis mit der Vernichtung denkbar:

> Meine *erste Lösung*: **die dionysische Weisheit.**
> Dionysisch: zeitweilige Identification mit dem Princip des Lebens (Wollust des Märtyrers einbegriffen):
> *Lust an der Vernichtung des Edelsten* und am Anblick, *wie* er schrittweise in's Verderben geräth
> *als Lust am* **Kommenden Zukünftigen**, *welches triumphirt über das* **Vorhandene noch so Gute** (KSA 10, 334f.)

Die dionysische Weisheit ist das Einverständnis mit der Dynamik von Schaffen und Vernichten um des Neuen willen, welches diese Dynamik hervorbringt. Das Dionysische wird, ganz im Sinne schon der ersten veröffentlichten Schrift Nietzsches, zur fast betrunkenen Lust an dieser Lebensdynamik.

Ein bestimmendes Moment dieser Dynamik ist die Liebe des Schaffenden. Diese ist eine bemerkenswerte Liebe, die das Bestehende um des Möglichen willen liebt und gleichzeitig verachtet, die verachtet, um aus dieser Verachtung das Neue hervorzutreiben:

> Schaffen will der Liebende, weil er verachtet! Was weiss Der von Liebe, der nicht gerade verachten musste, was er liebte! (Z, Vom Wege des Schaffenden, 82)

Die Härte des Vernichtens, welches untrennbar mit dem Schaffen verbunden ist, kündigt sich schon in der Verachtung des Liebenden an. An einer anderen Textstelle spricht sie sich als Überwindung von Mitleiden aus:

> Merket aber auch diess Wort: alle grosse Liebe ist noch über all ihrem Mitleiden: denn sie will das Geliebte noch – schaffen! (Z, Von den Mitleidigen, 116)

Unter der Lust an der dionysischen Lebensdynamik und der Liebe des Schaffenden wird jedoch eine weitere Facette Zarathustras wieder sichtbar: die des Leidenden – »Dergleichen ist nie gedichtet, nie gefühlt, nie *gelitten* worden« (KSA 6, 348) kommentiert Nietzsche im *Ecce homo* Zarathustras ›Nachtlied‹.

> Schaffen – das ist die grosse Erlösung vom Leiden, und des Lebens Leichtwerden. Aber dass der Schaffende sei, dazu selber thut Leid noth und viel Verwandelung. (Z, Auf den glückseligen Inseln, 110)

Der Grund, aus welchem Zarathustra Schaffender »sein muss«, ist nicht bloß die Lust am Schaffen, sondern auch das Leiden am Menschen. Die Frage: »Aber sagt mir doch, meine Brüder: wenn der Menscheit das Ziel noch fehlt, fehlt da nicht auch – sie selber noch?«, wird im Zusammenhang mit Zarathustras großem Ekel am Dasein quälend und zwingt zur Zielsetzung:

> Ihr [höheren Menschen] leidet mir noch nicht genug! Denn ihr leidet an euch, ihr littet noch nicht *am Menschen*. Ihr würdet lügen, wenn ihr's anders sagtet! Ihr leidet Alle nicht, woran *ich* litt. – (Z, Vom höheren Menschen, 359)

Es gibt noch ein zweites Leiden: das Leiden am Schaffen, gerade weil es gleichermaßen ein Vernichten ist. Einem der Zitate aus dem *Zarathustra*, die wohl am gründlichsten mißbraucht wurden, geht die fast melancholische Frage nach der eigenen Grausamkeit voraus:

> Oh meine Brüder, bin ich denn grausam? Aber ich sage: was fällt, das soll man auch noch stossen! (Z, Von alten und neuen Tafeln, 261)

Schon Zarathustra ist nicht ausschließlich hart und grausam, er ist jene komplizierte »Synthesis des Schaffenden, Liebenden, Vernichtenden« und des Leidenden. Nietzsche selbst war ganz sicher der eigenen Forderung nach Härte und Mitleidlosigkeit nicht gewachsen. Stattdessen dokumentiert er sogar sein Leiden an dem, was er glaubte durch den *Zarathustra* in die Wege zu leiten:

> Oh Zarathustra Fürsprecher des Lebens! Du mußt auch Fürsprecher des Leidens sein!
>
> Die Menschen müssen *böser* werden. Zarathustra 4 dies ist mir das größte Leid – ich muß sie böser *machen*! (KSA 10, 539)

Nur Narr! Nur Dichter!

> – dass ich nämlich in Gleichnissen rede und gleich Dichtern hinke und stammle: und wahrlich, ich schäme

mich, dass ich noch Dichter sein muss! – (Z, Von alten und neuen Tafeln, 247)

Auffällig oft nimmt Zarathustra Stellung zu »den Dichtern«. Das Thema durchzieht das ganze Buch. Verwirrend ist dabei die Abfolge der Stellungnahmen: die Haltung Zarathustras erscheint zwiespältig. »Dichter« ist in seinem Mund eine ambivalente Bezeichnung.

Dieser Beobachtung nachzugehen ist besonders wegen der beunruhigenden literarischen Form des Buches selbst interessant. Ist Nietzsche selbst unter die Dichter gegangen, als er den *Zarathustra* schrieb? Der eklatante Unterschied zur Textform seiner anderen Werke wirft auch die Frage auf, ob oder in welchem Sinne im *Zarathustra* noch philosophiert wird.

Wieder läßt es sich als Selbstkommentar zu dieser Problematik lesen, wenn Nietzsche Zarathustra sagen läßt: »ich schäme mich, dass ich noch Dichter sein muss«.

Die problematische doppelte Wertigkeit, die mit der Selbstbezeichnung »Dichter« verbunden ist, wird umgesetzt in Aussagen Zarathustras, deren Gegensätzlichkeit, ja Widersprüchlichkeit sogar einem zeitweiligen Wegbegleiter Zarathustras auffällt. Sagt Zarathustra einmal:

> Alles Unvergängliche – das ist nur ein Gleichniss! Und die Dichter lügen zuviel. – (Z, Auf den glückseligen Inseln, 110)

so wehrt er sich später in einem eigenen Abschnitt – ›Von den Dichtern‹ – ausdrücklich dagegen, auf diese frühere Aussage festgelegt zu werden:

> ›[...] und alles das ›Unvergängliche‹ – das ist auch nur ein Gleichniss.‹
>
> ›So hörte ich Dich schon einmal sagen, antwortete der Jünger; und damals fügtest du hinzu: ›aber die

> Dichter lügen zuviel.‹ Warum sagtest du doch, dass die Dichter zuviel lügen?‹
>
> ›Warum? sagte Zarathustra. Du fragst warum? Ich gehöre nicht zu Denen, welche man nach ihrem Warum fragen darf.
>
> Ist denn mein Erleben von Gestern? Das ist lange her, dass ich die Gründe meiner Meinungen erlebte.
>
> Müsste ich nicht ein Fass sein von Gedächtniss, wenn ich auch meine Gründe bei mir haben wollte?
>
> Schon zuviel ist mir's, meine Meinungen selber zu behalten; und mancher Vogel fliegt davon.
>
> Und mitunter finde ich auch ein zugeflogenes Thier in meinem Taubenschlage, das mir fremd ist, und das zittert, wenn ich meine Hand darauf lege.‹ (Z, Von den Dichtern, 163)

Schließlich entschließt er sich doch zu einer neuen Stellungnahme:

> Doch was sagte dir einst Zarathustra? Dass die Dichter zuviel lügen? – Aber auch Zarathustra ist ein Dichter.
>
> Glaubst du nun, dass er hier die Wahrheit redete? Warum glaubst du das?‹
>
> Der Jünger antwortete: ›ich glaube an Zarathustra.‹ Aber Zarathustra schüttelte den Kopf und lächelte.
>
> Der Glaube macht mich nicht selig, sagte er, zumal nicht der Glaube an mich. (ebd., 163f.)

Auf den ersten Blick scheint Zarathustra hier seinen Jünger mutwillig und spielerisch mit einem Paradox verwirren zu wollen. »Der Dichter sagt, die Dichter lügen« als Variation des schon in der Antike erfundenen Satzes: »Der Kreter sagt, alle Kreter lügen« – die Formulierung scheint zunächst darauf zu zielen, den Jünger in seinem Glauben an Zarathustras Wahrhaftigkeit zu verunsichern. Zu Zarathustra würde das passen. Er lehnt Jünger, die ihm blind nachfolgen, ab, will keine Gemeinden von Gläubigen gegründet sehen.

Aus diesem Grunde zieht er sich am Ende des ersten Buches in seine Einsamkeit zurück und warnt seine Begleiter sogar vor sich:

> Wahrlich, ich rathe euch: geht fort von mir und wehrt euch gegen Zarathustra! Und besser noch: schämt euch seiner! Vielleicht betrog er euch.
>
> [...]
>
> Ihr verehrt mich; aber wie, wenn eure Verehrung eines Tages umfällt? Hütet euch, dass euch nicht eine Bildsäule erschlage!
>
> Ihr sagt, ihr glaubt an Zarathustra? Aber was liegt an Zarathustra! Ihr seid meine Gläubigen: aber was liegt an allen Gläubigen!
>
> Ihr hattet euch noch nicht gesucht: da fandet ihr mich. So thun alle Gläubigen; darum ist es so wenig mit allem Glauben.
>
> Nun heisse ich euch, mich verlieren und euch finden; und erst, wenn ihr mich Alle verleugnet habt, will ich euch wiederkehren. (Z, Von der schenkenden Tugend, 101)

Zarathustra läßt seinen Anhängern keine Wahrheit zurück, die gläubig übernommen werden könnte. Stattdessen fordert er sie auf, die jeweils individuelle Perspektive zu suchen. Er verlangt sogar, zugunsten des eigenen Entwurfs, Lehre und Lehrer zu »verleugnen«, mehr noch, sich des Lehrers zu »schämen«. Der Anspruch auf einen einzigen Heilsweg oder auch nur eine universelle Wahrheit wird zurückgewiesen:

> Ein Versuchen und Fragen war all mein Gehen: – und wahrlich, auch antworten muss man *lernen* auf solches Fragen! Das aber – ist mein Geschmack:
>
> [...].
>
> ›Das – ist nun *mein* Weg, – wo ist der eure?‹ so antwortete ich Denen, welche mich ›nach dem Wege‹ frag-

ten. *Den* Weg nämlich – den giebt es nicht. (Z, Vom Geist der Schwere, 245)

Die paradoxe Selbstbezeichnung Zarathustras als Dichter, der zuviel lügt, ist aber wohl nicht bloß ein pädagogisches Hilfsmittel, den Jünger in seiner Gläubigkeit zu verunsichern. Der Stachel sitzt tiefer. Der Jünger »zürnt« zwar Zarathustra; wer sich Zarathustras schämt, ist aber nicht der Jünger, sondern Zarathustra selbst: »ich schäme mich, dass ich noch Dichter sein muss! –« (Z, Von alten und neuen Tafeln, 247).

Das Spielerische der auf den ersten Blick bloß paradoxen Bemerkung geht im Verlaufe des Gesprächs verloren.

Aber gesetzt, dass Jemand allen Ernstes sagte, die Dichter lügen zuviel: so hat er Recht, – *wir* lügen zuviel. (Z, Von den Dichtern, 164)

Übrig bleibt die Feststellung, als Dichter tatsächlich zuviel zu lügen. Diese Feststellung klingt nicht eben erfreut. In weit drastischerer Form stellt ›Das Lied der Schwermuth‹ im vierten Buch die Differenz zwischen Dichtung und Wahrheit dar:

›Der *Wahrheit* Freier? Du? – so höhnten sie –
Nein! Nur ein Dichter!
Ein Thier, ein listiges, raubendes, schleichendes,
Das lügen muss,
Das wissentlich, willentlich lügen muss:
Nach Beute lüstern,
Bunt verlarvt,
Sich selber Larve,
Sich selbst zur Beute –
Das – der Wahrheit Freier?
Nein! Nur Narr! Nur Dichter!
(Z, Das Lied der Schwermuth, 371f.)

[...]
So sank ich selber einstmals
Aus meinem Wahrheits-Wahnsinne,
Aus meinen Tages-Sehnsüchten,
Des Tages müde, krank vom Lichte,
– sank abwärts, abendwärts, schattenwärts:
Von Einer Wahrheit
Verbrannt und durstig:
– gedenkst du noch, gedenkst du, heisses Herz,
Wie da du durstetest? –
Dass ich verbannt sei
Von *aller* Wahrheit,
Nur Narr!
Nur Dichter!
(ebd., 374)

Zur inneren Dynamik des Gedichtes gehört, daß die Stimmen, welche zu Beginn höhnisch die Unwahrhaftigkeit des Dichters betonen, nicht das letzte Wort behalten. Das letzte Wort behält der Sänger des ›Lied[s] der Schwermuth‹, und er drückt – selbst »krank vom Lichte« – angesichts der »Einen« grellen, desillusionierenden Wahrheit sein Verlangen nach Illusion, nach Unwahrheit aus. Er formuliert seinen »Durst« danach, »dass ich verbannt sei von aller Wahrheit, Nur Narr! Nur Dichter!«.

Der Sänger des Liedes ist jedoch nicht Zarathustra, sondern der »alte Zauberer« – ein Illusionskünstler also. Bevor er singt, bestätigt er den Unterschied, der zwischen ihm und Zarathustra besteht:

> [...] – schon fällt mich mein schlimmer Trug- und Zaubergeist an, mein schwermüthiger Teufel,
>
> – welcher diesem Zarathustra ein Widersacher ist aus dem Grunde: vergebt es ihm! [...]
>
> – euch Allen, die ihr *am grossen Ekel* leidet gleich mir, denen der alte Gott starb und noch kein neuer Gott in Wiegen und Windeln liegt, – euch Allen ist mein böser Geist und Zauber-Teufel hold. (Z, Das Lied der Schwermuth, 370)

Das Fehlen religiösen und metaphysischen Trostes, schließlich der Ekel am Dasein führen zu einer Müdigkeit und Schwermut, die die Illusion als Trost- und Heilmittel herbeiwünscht und Wahrheit als dem Leben schädlich verwirft.

Während der »alte Zauberer« noch zu Beginn seiner Vorstellung Zarathustra als Widersacher bezeichnet, kommt es kurz danach zu einer bemerkenswerten Unterstellung: auch Zarathustra könnte ein nur anders verkleideter Trug- und Zaubergeist sein, eine Illusion mehr, die gegen den »großen Ekel« ins Feld geführt wird:

> [...] – ich kenne auch diesen Unhold, den ich wider Willen liebe, diesen Zarathustra: er selber dünkt mich öfter gleich einer schönen Heiligen-Larve,
>
> – gleich einem neuen wunderlichen Mummenschanze, in dem sich mein böser Geist, der schwermüthige Teufel, gefällt:
>
> [...] (ebd.)

Die Unterstellung des alten Zauberers korrespondiert einerseits mit Zarathustras Selbstbezichtigung, noch Dichter sein zu müssen, sie findet andererseits eine noch weitergehende Entsprechung im Abschnitt ›Von den Dichtern‹:

> Wahrlich, immer zieht es uns hinan – nämlich zum Reich der Wolken: auf diese setzen wir unsere bunten Bälge und heissen sie dann Götter und Übermenschen: –
>
> Sind sie doch gerade leicht genug für diese Stühle! – alle diese Götter und Übermenschen.
>
> Ach, wie bin ich all des Unzulänglichen müde, das durchaus Ereigniss sein soll! Ach, wie bin ich der Dichter müde! (Z, Von den Dichtern, 164f.)

Der Ausdruck Übermensch, bisher immer gegen »Gott« und »Götter« gehalten, wird in einem Atemzug mit diesen genannt. Sollte auch der Übermensch, den Zarathustra eingangs noch »lehrt«, ein Dichtererzeugnis im schlechten Sinne, eine allzu leichte Illusion sein? Auch hierin drückt sich einmal mehr die auffällige Schwierigkeit aus, die im *Zarathustra* mit dem Ausdruck »Dichter« verknüpft ist.

Mazzino Montinari stellt die Verbindung zu dem persönlichen und damit auch philosophischen Problem her, welches für Nietzsche der Bruch mit Richard Wagner darstellte:

> Aber das eigentliche Formproblem von Also sprach Zarathustra ist, wie wir sehen werden, eng verbunden mit Nietzsches Schwierigkeit beziehungsweise Unmöglichkeit, sich ›als Dichter‹ auszudrücken, ja mit seiner Verurteilung der Dichtung als etwas der Wahrheit entgegengesetztes. ›Dichtung und Wahrheit‹, das, was für Goethe noch möglich war, ist es für Nietzsche nicht mehr. Im vierten Teil von Also sprach Zarathustra beklagt der Zauberer, (in dem man zu Recht die Züge Richard Wagners erkannt hat) in seinem ›Lied der Schwermuth‹: ›dass er verbannt sei/ Von *aller* Wahrheit,/ Nur Narr!/ nur Dichter!‹. Bevor Nietzsche diese Worte dem Zauberer-Schauspieler-Wagner in den Mund legte, hatte er dieses Gedicht zunächst für sich konzipiert, zusammen mit einer ganzen Reihe poetischer Entwürfe unter dem Titel ›Der Dichter – Qual des Schaffenden.‹ (KSA 11, 310) In dieser Qual erkennt Nietzsche noch einmal seine eigene Nähe und Gegnerschaft zu Wagner, der aus voller Überzeugung Dichter, Künstler und ›Schauspieler‹ war. (M M, 85)

Nietzsches Nähe zu Wagner dokumentiert sich in den Schriften der Basler Zeit. Der ästhetischen Illusion weist er dort noch eine notwendige kulturstiftende und kulturerhaltende Rolle zu: »[…] ich meine: das bewußte Festhalten an der Illusion und zwangsweise Einverleibung derselben als *Basis der Cultur*. […]. Der ersten Gefahr ist W‹agner› erlegen.« (KSA 10, 507)

Spätestens seit *Menschliches, Allzumenschliches* bricht Nietzsche mit dieser Rechtfertigung der ästhetischen Illusion. So kommt der Name Richard Wagner in *Menschliches, Allzumenschliches* nicht einmal mehr vor.

Der Dichter kann nun im negativen Sinne als Schöpfer ästhetischer Nebenwelten und Fluchtmittel erscheinen. Was Dichtern allerdings »abgelernt« werden kann, ist der kreative Umgang mit Spielräumen: ein Gestalten des Möglichen, das Setzen von Perspektiven:

> Sich von den Dingen entfernen, bis man Vieles von ihnen nicht mehr sieht und Vieles hinzusehen muss, *um sie noch zu sehen* – oder die Dinge um die Ecke und wie in einem Ausschnitte sehen – oder sie so stellen, dass sie sich theilweise verstellen und nur perspectivische Durchblicke gestatten – oder sie durch gefärbtes Glas oder im Lichte der Abendröthe anschauen – oder ihnen eine Oberfläche und Haut geben, welche keine volle Transparenz hat: das Alles sollen wir den Künstlern ablernen und im Uebrigen weiser sein, als sie. Denn bei ihnen hört gewöhnlich diese ihre feine Kraft auf, wo die Kunst aufhört und das Leben beginnt; *wir* aber wollen die Dichter unseres Lebens sein, und im Kleinsten und Alltäglichsten zuerst. (KSA 3, 538)

Im positiven Sinne steht hier der Ausdruck »Dichter« für eine gestaltende Existenz. Die Fähigkeit der Dichter, Perspektiven zu gestalten, sollte allerdings nicht auf den engen Bereich der Kunst beschränkt sein, sollte keine bloße ästhetische Illusion erzeugen. Darüber hinaus kann diese Fähigkeit zur Gestaltung von in der Tat *möglichen* Perspektiven eingesetzt werden, ohne daß sich die Redlichkeit dafür schämen müßte. Hier ist die positive Kehrseite der Selbstbezeichnung Zarathustras als Dichter. Nietzsche läßt diese Kehrseite schon in *Morgenröthe* erkennen:

> *Von zukünftigen Tugenden.* [...] Oh, wollten doch die Dichter wieder werden, was sie einstmals gewesen sein sollen: – *Seher*, die uns Etwas von dem *Möglichen* erzählen! [...] Wollten sie uns von den *zukünftigen Tugenden* Etwas vorausempfinden lassen! Oder von Tugenden, die nie auf Erden sein werden, obschon sie irgendwo in der Welt sein könnten, – von purpurnglühenden Sternbildern und ganzen Milchstrassen des Schönen! Wo seid ihr, ihr Astronomen des Ideals? (KSA 3, 321f.)

Stellvertretend für mehrere Stellen, an denen sich diese positive Seite der Facette »Dichter« im *Zarathustra* zeigt, läßt sich die folgende Passage anführen:

> Ich lehrte sie all *mein* Dichten und Trachten: in Eins zu dichten und zusammen zu tragen, was Bruchstück ist am Menschen und Räthsel und grauser Zufall, –
>
> – als Dichter, Räthselrather und Erlöser des Zufalls lehrte ich sie an der Zukunft schaffen, und Alles, das *war* – , schaffend zu erlösen.
>
> Das Vergangne am Menschen zu erlösen und alles ›Es war‹ umzuschaffen, bis der Wille spricht: ›Aber so wollte ich es! So werde ich's wollen –‹ (Z, Von alten und neuen Tafeln, 248f.)

Auch diese Stelle läßt sich als Selbstkommentar lesen. Eine ähnlich lautende Stelle formuliert sogar noch schärfer: »Ich wandle unter den Menschen als den Bruchstücken der Zukunft: jener Zukunft, die ich schaue. Und das ist all mein Dichten und Trachten, dass ich in Eins dichte und zusammentrage, was Bruchstück ist und Räthsel und grauser Zufall« (Z, Von der Erlösung, 179). Die Menschen selbst werden zu Bruchstücken der Zukunft, die das Dichten Zarathustras vorwegnehmend zusammenfügt.

Auch Zarathustra selbst ist nicht heil und ganz. Nietzsche streicht erst kurz vor dem Druck einen

Satz, in dem es heißt: »Denn daß [ich kein Ganzer bin, sondern eine Vielheit, und ein Zu-Viel, zugleich, und Ein zu Wenig –] […] das errieth ich oft aus euren Worten und Fragen über mich.« (KSA 14, 307)

Die Formulierung deutet an, in welchem Sinne Buch und Typus Zarathustra noch »Dichtung« sein könnten: als Versuche einer immerhin möglichen Zukunftsperspektive. Nietzsche notiert sich – passend hierzu – im Winter 1882/83, in welcher Richtung für ihn Kunst denkbar wäre:

> Meine Richtung der *Kunst*: nicht dort weiter dichten, wo die *Grenzen* sind! sondern die *Zukunft* des Menschen! Viele *Bilder* müssen da sein, nach denen *gelebt* werden kann! (KSA 10, 183)

Gedanken als Experimente: Zarathustras Wahrhaftigkeit

> Wahrhaftig – so heisse ich Den, der in götterlose Wüsten geht und sein verehrendes Herz zerbrochen hat.
>
> Im gelben Sande und verbrannt von der Sonne schielt er wohl durstig nach den quellenreichen Eilanden, wo Lebendiges unter dunkeln Bäumen ruht. […]
>
> In der Wüste wohnten von je die Wahrhaftigen, die freien Geister, als der Wüste Herren; […] (Z, Von den berühmten Weisen, 133)

Zarathustra, der Gottlose, ist der eigenen Definition nach ein Wahrhaftiger und freier Geist. Schon daß er außerdem und problematischerweise auch Dichter ist, zeigt an, wie schwierig es sein wird, Zarathustras besondere Wahrhaftigkeit zu charakterisieren.

Es werden sich weitere Figuren finden lassen, welche die Wahrhaftigkeit Zarathustras kontrastieren:

Erkennende, Weise, Wissenschaftler, Gelehrte oder aber Betrüger und Lügner. Selbst der Dichter, insofern er Illusionskünstler ist, gehört zu dieser Gruppe. Jede dieser Kontrastfiguren wird der speziellen Wahrhaftigkeit Zarathustras Kontur geben. Auch daß Nietzsche so viele Kontrastfiguren überhaupt einführt, weist darauf hin, daß die Wahrhaftigkeit Zarathustras eine problematische Facette dieser Figur ist.

Die Landschaft, in die der Wahrhaftige geht, ist die Wüste, eine extrem lebensfeindliche Umgebung. Von dort »schielt« er »durstig nach den quellenreichen Eilanden, wo Lebendiges unter dunklen Bäumen ruht«.

Diese Lebensfeindlichkeit kehrt im Bilde einer besonderen Vivisektion wieder:

> Geist ist das Leben, das sich selber in's Leben schneidet: an der eignen Qual mehrt es sich das eigne Wissen, – wusstet ihr das schon? […]
>
> Ihr kennt nur des Geistes Funken: aber ihr seht den Ambos nicht, der er ist, und nicht die Grausamkeit seines Hammers!
>
> Wahrlich, ihr kennt des Geistes Stolz nicht! Aber noch weniger würdet ihr des Geistes Bescheidenheit ertragen, wenn sie einmal reden wollte! (Z, Von den berühmten Weisen, 134)

Des Geistes Stolz dürfte es – um im Bild zu bleiben – sein, immer tiefere Schnitte zu führen oder härtere Schläge, immer mehr in Frage zu stellen; des Geistes Bescheidenheit, sich selbst immer geduldiger diesen Schnitten und Schlägen, die für Infragestellungen stehen, hinzuhalten – Amboß für den Hammer zu sein.

Die Vivisektion des Geistes, der das Leben ist, »das sich selbst in's Leben schneidet«, enthält ein Moment der Gefährdung. Der Geist gefährdet das Leben, gefährdet damit gleichzeitig sich selbst. Diese Gefährdung formuliert Nietzsche auch in der *Fröhlichen Wissenschaft*:

> Der Denker: das ist jetzt das Wesen, in dem der Trieb zur Wahrheit und jene lebenerhaltenden Irrthümer ihren ersten Kampf kämpfen, nachdem auch der Trieb zur Wahrheit sich als eine lebenerhaltende Macht *bewiesen* hat. Im Verhältniss zu der Wichtigkeit dieses Kampfes ist alles Andere gleichgültig: die letzte Frage um die Bedingung des Lebens ist hier gestellt, und der erste Versuch wird hier gemacht, mit dem Experiment auf diese Frage zu antworten. Inwieweit verträgt die Wahrheit die Einverleibung? das ist die Frage, das ist das Experiment. (KSA 3, 471)

Hier wird mit Leben und Wahrheit experimentiert. Die Frage, welche geklärt werden soll, läßt sich ebensogut auch in der Umkehrung lesen: Im Experiment wird auch getestet, wieviel Wahrheit das Leben verträgt.

Der »Geist« in diesem Sinne, der »freie Geist« stellt alle Sicherheiten, alle für allgemein wahr und verbindlich gehalteten Perspektiven in Frage. Konsequenterweise wird er als gefährlicher Unruhestifter bekämpft:

> Aber wer dem Volke verhasst ist wie ein Wolf den Hunden: das ist der freie Geist, der Fessel-Feind, der Nicht-Anbeter, der in Wäldern Hausende.
>
> Ihn zu jagen aus seinem Schlupfe – das hiess immer dem Volke ›Sinn für das Rechte‹: gegen ihn hetzt es noch immer seine scharfzahnigsten Hunde. (Z, Von den berühmten Weisen, 132)

Die berühmten Weisen

Als erster Kontrast zum Wahrhaftigen und zu freien Geistern können die »berühmten Weisen« aufgefaßt werden. Allgemein anerkannt und berühmt sind diese, da sie, statt Sicherheiten infrage zu stellen, im Gegenteil allgemeine Verbindlichkeiten und Wahrheitslehren bestätigen und systematisch weiter absichern:

> Dem Volke habt ihr gedient und des Volkes Aberglauben, ihr berühmten Weisen alle! – und *nicht* der Wahrheit! Und gerade darum zollte man euch Ehrfurcht. (ebd.)

Die »berühmten Weisen« dienen zwar als Kontrastmittel, es wäre aber zu einfach, sie als Feindbild aufzufassen. Auch sie haben ihren Platz und können diesen gut oder weniger gut ausfüllen:

> Nicht dass ich ihnen darob zürne: aber Dienende bleiben sie mir und Angeschirrte, auch wenn sie von goldnem Geschirre glänzen.
>
> Und oft waren sie gute Diener und preiswürdige. Denn so spricht die Tugend: ›musst du Diener sein, so suche Den, welchem dein Dienst am besten nützt!
>
> […].
>
> Und wahrlich, ihr berühmten Weisen, ihr Diener des Volkes! Ihr selber wuchset mit des Volkes Geist und Tugend – und das Volk durch euch! Zu euren Ehren sage ich das! (ebd., 133)

Diese Würdigung ist nicht ironisch gemeint. Gewürdigt wird die Rolle, welche die Sicherheiten der Weisen bei der Erhaltung und Entwicklung menschlicher Gesellschaften spielen. Zu vergleichen ist dies mit einer gleichzeitigen Würdigung und Infragestellung der »Lehrer vom Zwecke des Daseins« in der *Fröhlichen Wissenschaft*:

> Jener Trieb, welcher in den höchsten und gemeinsten Menschen gleichmässig waltet, der Trieb der Arterhaltung, bricht von Zeit zu Zeit als Vernunft und Leidenschaft des Geistes hervor; er hat dann ein glänzendes Gefolge von Gründen um sich und will mit

aller Gewalt vergessen machen, dass er im Grunde Trieb, Instinct, Thorheit, Grundlosigkeit ist. Das Leben *soll* geliebt werden, *denn*! Der Mensch *soll* sich und seinen Nächsten fördern, *denn*! Und wie alle diese Soll's und Denn's heissen und in Zukunft noch heissen mögen! Damit Das, was nothwendig und immer, von sich aus und ohne allen Zweck geschieht, von jetzt an auf einen Zweck hin gethan erscheine und dem Menschen als Vernunft und letztes Gebot einleuchte, – dazu tritt der ethische Lehrer auf, als der Lehrer vom Zweck des Daseins; [...]

Es ist nicht zu leugnen, dass *auf die Dauer* über jeden Einzelnen dieser grossen Zwecklehrer bisher das Lachen und die Vernunft und die Natur Herr geworden ist: [...]. Aber bei alle diesem corrigirenden Lachen ist im Ganzen doch durch diess immer neue Erscheinen jener Lehrer vom Zweck des Daseins die menschliche Natur verändert worden, – [...]. Der Mensch ist allmählich zu einem phantastischen Thiere geworden, welches eine Existenz-Bedingung mehr, als jedes andere Thier, zu erfüllen hat: der Mensch *muss* von Zeit zu Zeit glauben, zu wissen, *warum* er existirt, seine Gattung kann nicht gedeihen ohne ein periodisches Zutrauen zu dem Leben! (KSA 3, 371f.)

Der freie Geist stört dadurch, daß er die bestehenden Zwecksetzungen und allgemeinen Verbindlichkeiten in Frage stellt, dasjenige Zutrauen zum Leben, welches hierauf gegründet ist.

Für ein selbstsicheres Leben und Handeln, welches das durch Zwecke und Sicherheiten stimulierte Zutrauen nicht nötig hat, stellen solche Störungen keine Bedrohung dar, sondern können Abwechslung oder Herausforderung sein:

Ihr [berühmte Weise] seid mir Laue: aber kalt strömt jede tiefe Erkenntniss. Eiskalt sind die innersten Brunnen des Geistes: ein Labsal heissen Händen und Handelnden. (HZ, 134)

Der Weisheit der »berühmten Weisen« stellt daher Zarathustra seine »wilde Weisheit« gegenüber. Sie ist nicht die Bestätigung von Sicherheiten und Verbindlichkeiten, sondern eine Ermutigung zur Verunsicherung und Entdeckung neuer Perspektiven, wofür die Fahrt über das Meer ein Sinnbild ist:

> Dem Segel gleich, zitternd vor dem Ungestüm des Geistes, geht meine Weisheit über das Meer – meine wilde Weisheit! (ebd., 135)

Der Gewissenhafte des Geistes

Auch der »Gewissenhafte des Geistes«, der zum Vergleich neben Zarathustra als »Wahrhaftigen« gehalten werden kann, hat mit sicheren Wahrheiten zu tun. Anders als die berühmten Weisen, welche die allgemeinen Urteile als Sicherheiten bestätigen und weiter absichern, kennt der »Gewissenhafte des Geistes« den prüfenden und infragestellenden Geist, der sich selbst ins Leben schneidet. Die Prüfungen haben bei ihm jedoch ein Ziel: Er geht »auf den Grund«, versucht durch immer hartnäckigeres Suchen wenigstens einen sicheren Ausgangspunkt zu finden:

> ›Ich bin *der Gewissenhafte des Geistes*, antwortete der Gefragte, und in Dingen des Geistes nimmt es nicht leicht Einer strenger, enger und härter als ich, ausgenommen der, von dem ich's lernte, Zarathustra selber.
>
> Lieber Nichts wissen, als Vieles halb wissen! Lieber ein Narr sein auf eigne Faust, als ein Weiser nach fremdem Gutdünken! Ich – gehe auf den Grund:
>
> – was liegt daran, ob er gross oder klein ist? Ob er Sumpf oder Himmel heisst? Eine Hand breit Grund ist mir genung: wenn er nur wirklich Grund und Boden ist! [...]. (Z, Der Blutegel, 311)

Später als Gast in Zarathustras Höhle spricht der »Gewissenhafte« noch deutlicher aus, was die Motivation für seine Suche ist: Die Furcht vor dem Ungewissen und die Suche nach Sicherheit.

> Wir *suchen* Verschiednes auch hier oben, ihr und ich. Ich nämlich suche *mehr Sicherheit*, desshalb kam ich zu Zarathustra. Der nämlich ist noch der festeste Thurm und Wille – […].
>
> Furcht nämlich – das ist des Menschen Erb- und Grundgefühl; aus der Furcht erklärt sich Jegliches, Erbsünde und Erbtugend. Aus der Furcht wuchs auch *meine* Tugend, die heisst: Wissenschaft. (Z, Von der Wissenschaft, 376f.)

Der Gewissenhafte des Geistes hat ein »intellectuales Gewissen«. Etwas, das Nietzsche am Beginn der *Fröhlichen Wissenschaft* bei den meisten fast schmerzhaft vermißt:

> *Das intellectuale Gewissen.* – Ich mache immer wieder die gleiche Erfahrung […]: *den Allermeisten fehlt das intellectuale Gewissen;*
>
> […]. Ich will sagen: *die Allermeisten* finden es nicht verächtlich, diess oder jenes zu glauben und darnach zu leben, *ohne* sich vorher der letzten und sichersten Gründe für oder wider bewusst worden zu sein und ohne sich auch nur die Mühe um solche Gründe hinterdrein zu geben, – die begabtesten Männer und die edelsten Frauen gehören noch zu diesen ›Allermeisten‹. […].
>
> Aber inmitten dieser rerum concordia discors [zwieträchtigen Eintracht der Dinge] und der ganzen wundervollen Ungewissheit und Vieldeutigkeit des Daseins stehen *und nicht fragen*, nicht zittern vor Begierde und Lust des Fragens, nicht einmal den Fragenden hassen, vielleicht gar noch an ihm sich matt ergötzen – das ist es, was ich als *verächtlich* empfinde, […]. (KSA 3, 373)

Nietzsches eigenes Ethos der Redlichkeit spricht aus dem »Gewissenhaften des Geistes«, auch jener verachtet aus dieser Haltung heraus den Mangel an Gewissenhaftigkeit bei anderen:

> Mein Gewissen des Geistes will es so von mir, dass ich Eins weiss und sonst Alles nicht weiss: es ekelt mich aller Halben des Geistes, aller Dunstigen, Schwebenden, Schwärmerischen.
>
> Wo meine Redlichkeit aufhört, bin ich blind und will auch blind sein. Wo ich aber wissen will, will ich auch redlich sein, nämlich hart, streng, eng, grausam, unerbittlich.
>
> Dass *du* einst sprachst, oh Zarathustra: ›Geist ist das Leben, das selber in's Leben schneidet,‹ das führte und verführte mich zu deiner Lehre. Und, wahrlich, mit eignem Blute mehrte ich mir das eigne Wissen!‹ (Z, Der Blutegel, 312)

Mit drastischen metaphorischen Mitteln wird jedoch auf eine Besonderheit dieser Figur hingewiesen: Der Geist, der sich ins Leben schneidet, mutiert hier zu Blutegeln, die der »Gewissenhafte des Geistes« auf sich angesetzt hat:

> ›So bist du vielleicht der Erkenner des Blutegels? fragte Zarathustra; und du gehst dem Blutegel nach bis auf die letzten Gründe, du Gewissenhafter?‹
>
> ›Oh Zarathustra, antwortete der Getretene, das wäre ein Ungeheures, wie dürfte ich mich dessen unterfangen!
>
> Wess ich aber Meister und Kenner bin, das ist des Blutegels *Hirn*: – das ist *meine* Welt! (ebd., 311)

Die Suche nach sicheren Grundlagen, welche die eigentliche Motivation seiner Infragestellungen ist, hat den Gewissenhaften zum Hirn des Blutegels geführt. Hier meint er eine sichere Grundlage vorzufinden. Diese wirkt allerdings bizarr und gemessen an der großen Aufgabe, einen sicheren Grund zu finden, belanglos.

Zwei Entwürfe für die Gestalt des »Gewissenhaften des Geistes« aus dem Winter 1884/85 sind in diesem Zusammenhang aufschlußreich:

Der erste Hinweis findet sich in einer Liste von Figuren, die Nietzsche für das vierte Buch des *Zarathustra* vorsah:

> der Verehrer der facta, ›Das Gehirn des Blutegels‹, voll schlechten Gewissens aus Übermaaß, will *sich* los sein!
> Das feinste intellectuelle Gewissen
> [...] (KSA 11, 362)

Das Ethos der Redlichkeit wird zum »schlechten Gewissen«, zum Ungenügen an sich selbst. Daß der »Gewissenhafte des Geistes« Blutegel auf sich ansetzt, spiegelt das Bestreben wider, durch den Griff nach puren Fakten die eigene – »feinste« – Gewissenhaftigkeit, sich selbst, endlich suspendieren zu können.

Der zweite Entwurf für die Figur des »Gewissenhaften des Geistes«, der zum Vergleich herangezogen werden kann, ist bereits eine ausführliche Stoffsammlung (KSA 11, 404-406). Nicht alle dort aufgeführten Aspekte fanden schließlich Verwendung. Wieder tritt das Motiv des Leidens an der eigenen Gewissenhaftigkeit auf:

> – er hat kalte vertrocknende Augen, vor ihm liegt jedwedes Ding entfedert und ohne Farbe, er leidet an seiner Ohnmacht zur Lüge und heißt sie ›Wille zur Wahrheit‹! (KSA 11, 405)

Der Aspekt, aus Gewissenhaftigkeit »Verehrer der facta« zu werden, findet auch in der Stoffsammlung eine Entsprechung:

> – sie liegen auf dem Bauche vor kleinen runden Thatsachen, sie küssen Staub und Koth zu ihren Füßen, sie frohlocken: ›hier ist endlich Wirklichkeit!‹ (ebd., 406)

Interessant ist ein Einwand Zarathustras gegen die Sicherheit, die der »Gewissenhafte« bei seinen Fakten gefunden zu haben meint:

> ›– du fühlst noch nicht einmal, daß du träumst: oh, da bist du noch fern vom Aufwachen!‹
>
> […] – wie geschah es doch, daß die Wahrheit hier zum Siege kam? Kam ihr wohl ein starker Irrthum zu Hülfe?
>
> – hier bist du blind, denn hier hört deine Redlichkeit auf. (ebd., 406)

Die Kombination dieser Formulierungen erläutert die Passage, welche in der Endfassung des Abschnittes ›Der Blutegel‹ im *Zarathustra* zu finden ist:

> Wo meine Redlichkeit aufhört, bin ich blind und will auch blind sein. Wo ich aber wissen will, will ich auch redlich sein, nämlich hart, streng, eng, grausam, unerbittlich. (Z, Der Blutegel, 312)

Die Blindheit ist eine willentliche, die Haltbarkeit von Fakten wird wohlweislich nicht hinterfragt, denn der »Gewissenhafte des Geistes« sucht nach haltbaren Gründen und nach einem Ruhepunkt für seine intellektuelle Gewissenhaftigkeit. Selbst sein Lob für Zarathustra verrät seine Suche einer solchen Gewissensberuhigung: »Gelobt sei der beste lebendigste Schröpfkopf, der heut lebt, gelobt sei der grosse Gewissens-Blutegel Zarathustra!« (ebd., 310f.)

> Denn diess ist die Wahrheit: ausgezogen bin ich aus dem Hause der Gelehrten: und die Thür habe ich noch hinter mir zugeworfen. (Z, Von den Gelehrten, 160)

Was Nietzsche hier Zarathustra in den Mund legt, könnte er von sich selbst sagen. Das Aufgeben seiner Basler Professur war ein solcher Auszug aus dem »Hause der Gelehrten« – in diesem Fall der Philologen. Das Erscheinen der *Geburt der Tragödie aus dem Geist der Musik* stieß auf Unverständnis und vereinzelt heftige Kritik – »steige er [Nietzsche] herab vom katheder, auf welchem er wissenschaft lehren soll« (Ulrich von Wilamowitz-Möllendorff, KSA 15, 40), heißt es in einem zeitgenössischen Pamphlet. Auch das Unverständnis der Fachkollegen findet eine Entsprechung:

> Sie wollten Nichts davon hören, dass Einer über ihren Köpfen wandelt; und so legten sie Holz und Erde und Unrath zwischen mich und ihre Köpfe.
>
> Also dämpften sie den Schall meiner Schritte: und am schlechtesten wurde ich bisher von den Gelehrtesten gehört. (Z, Von den Gelehrten, 162)

Neben all diesen biographischen Verweisen auf Nietzsche selbst sollte jedoch nicht vergessen werden, daß auch die »Gelehrten« als Kontrast zu Zarathustras Wahrhaftigkeit gesehen werden können. So betrachtet erscheint es auffällig, daß auch Zarathustra immerhin für einige Zeit im »Hause der Gelehrten« war und daß ihm – wenn auch von einem Schaf – nachgesagt werden kann, er sei nicht *mehr* Gelehrter:

> Als ich im Schlafe lag, da frass ein Schaf am Epheukranze meines Hauptes, – frass und sprach dazu: ›Zarathustra ist kein Gelehrter mehr.‹

> Sprach's und gieng stotzig davon und stolz. Ein Kind erzählte mir's.
>
> Gerne liege ich hier, wo die Kinder spielen, an der zerbrochnen Mauer, unter Disteln und rothen Mohnblumen.
>
> Ein Gelehrter bin ich den Kindern noch und auch den Disteln und rothen Mohnblumen. Unschuldig sind sie, selbst noch in ihrer Bosheit.
>
> Aber den Schafen bin ich's nicht mehr: so will es mein Loos – gesegnet sei es!
>
> Denn diess ist die Wahrheit: ausgezogen bin ich aus dem Hause der Gelehrten: und die Thür habe ich noch hinter mir zugeworfen.
>
> Zu lange sass meine Seele hungrig an ihrem Tische; nicht, gleich ihnen, bin ich auf das Erkennen abgerichtet wie auf das Nüsseknacken. (ebd., 160)

Die Feststellung Zarathustras, »Kindern«, »Disteln und rothen Mohnblumen« noch Gelehrter zu sein, liest sich als Hinweis darauf, daß wenigstens einige Aspekte des Gelehrtendaseins Anerkennung finden. Noch in einer der Sentenzensammlungen, welche Nietzsche teilweise in den *Zarathustra* einarbeitete, unterscheidet er zwischen zweierlei Gelehrten:

> Gelehrte: so nennt man heute sowohl die Soldaten des Geistes als – leider – auch die Strumpfwirker des Geistes. (KSA 10, 390)

Im Abschnitt ›Von den Gelehrten‹ findet sich der zweite Aspekt wörtlich wieder. Statt »Soldaten des Geistes« zu sein, wurden die Gelehrten dort aber »auf das Erkennen abgerichtet wie auf das Nüsseknacken«. Soviel Spott auch in dieser Formulierung mitschwingt, sie enthält eine Würdigung: gewissermaßen aus Drill leisten die Gelehrten in ihrem Fachgebiet ein Stück weit unabhängige und redliche Erkenntnisarbeit, etwas, das Nietzsche den bisherigen

Philosophen in *Jenseits von Gut und Böse* komplett abspricht:

> – Freilich: bei den Gelehrten, den eigentlich wissenschaftlichen Menschen, mag es anders stehn – ›besser‹, wenn man will –, da mag es wirklich so Etwas wie einen Erkenntnistrieb geben, irgend ein kleines unabhängiges Uhrwerk, welches, gut aufgezogen, tapfer darauf los arbeitet, *ohne* dass die gesammten übrigen Triebe der Gelehrten wesentlich dabei betheiligt sind. Die eigentlichen ›Interessen‹ des Gelehrten liegen deshalb gewöhnlich ganz wo anders, etwa in der Familie oder im Gelderwerb oder in der Politik; ja es ist beinahe gleichgültig, ob seine kleine Maschine an diese oder jene Stelle der Wissenschaft gestellt wird, [...]: – es *bezeichnet* ihn nicht, dass er dies oder jenes wird. Umgekehrt ist an dem Philosophen ganz und gar nichts Unpersönliches; [...] (KSA 5, 20)

Der Vielzahl und Vielfalt gewissenhaft erarbeiteter Einzelerkenntnisse der Gelehrten steht – so leitet Nietzsche den Textabschnitt ein – auf der Seite großer Philosophen ein sehr persönliches »Selbstbekenntnis« gegenüber:

> Allmählig hat sich bei mir herausgestellt, was jede grosse Philosophie bisher war: nämlich das Selbstbekenntnis ihres Urhebers und eine Art ungewollter und unvermerkter mémoires; insgleichen, dass die moralischen (oder unmoralischen) Absichten in jeder Philosophie den eigentlichen Lebenskeim ausmachten, aus dem jedesmal die ganze Pflanze gewachsen ist. (ebd., 19f.)

Das Moment des Persönlichen und Eigenen, das Nietzsche – anders als bei den Gelehrten – bei den Philosophen vorfindet, und die hiermit verbundene »Einfalt« *eines* charakteristischen Lebenskeims, unterscheidet auch Zarathustra von den Gelehrten:

> Ich bin zu heiss und verbrannt von eigenen Gedanken: oft will es mir den Athem nehmen. Da muss ich in's Freie und weg aus allen verstaubten Stuben.
>
> [...].
>
> Geschickt sind sie [die Gelehrten], sie haben kluge Finger: was will *meine* Einfalt bei ihrer Vielfalt! Alles Fädeln und Knüpfen und Weben verstehn ihre Finger: also wirken sie die Strümpfe des Geistes! (Z, Von den Gelehrten, 160f.)

Der Vorzug der Gelehrten gegenüber den Philosophen liegt daher auf den zweiten Blick gerade nicht darin, daß sie unpersönlich und unabhängig erkennen. Zarathustra stellt sich souverän über sie:

> Aber trotzdem wandele ich mit meinen Gedanken *über* ihren Köpfen; und selbst, wenn ich auf meinen eignen Fehlern wandeln wollte, würde ich noch über ihnen sein und ihren Köpfen.
>
> Denn die Menschen sind *nicht* gleich: so spricht die Gerechtigkeit. Und was ich will, dürften *sie* nicht wollen! (ebd., 162)

Diese geistes-aristokratische Haltung, in welcher selbst die Fehler Zarathustras noch über der Redlichkeit und dem Verdienst der Gelehrten stehen, ist grundsätzlich undemokratisch.

> Die Unabhängigkeits-Erklärung des wissenschaftlichen Menschen, seine Emancipation von der Philosophie, ist eine der feineren Nachwirkungen des demokratischen Wesens und Unwesens: die Selbstverherrlichung und Selbstüberhebung des Gelehrten steht heute überall in voller Blüthe und in ihrem besten Frühlinge, – womit noch nicht gesagt sein soll, dass in diesem Falle Eigenlob lieblich röche. (KSA 5, 129)

Nietzsche meint, damit das Recht, ja die Notwendigkeit persönlicher Perspektiven vor jener historischen Entwicklung in Schutz nehmen zu müssen. Die Selbstgewißheit »wissenschaftlicher Menschen« überhebt sich aus Nietzsches Sicht, indem sie meint, im Rahmen wissenschaftlicher Korrektheit über persönlichen Perspektiven stehen zu können.

Im fünften Buch der *Fröhlichen Wissenschaft* stellt Nietzsche eine Überlegung zu den Schwierigkeiten und Ansprüchen der Philosophen gegenüber den Gelehrten und Wissenschaftlern an:

> Vielleicht sind wir Philosophen allesammt heute zum Wissen schlimm gestellt: die Wissenschaft wächst, die Gelehrtesten von uns sind nahe daran zu entdecken, dass sie zu wenig wissen. Aber schlimmer wäre es immer noch, wenn es anders stünde, – wenn wir *zu viel* wüssten; unsre Aufgabe ist und bleibt zuerst, uns nicht selber zu verwechseln. Wir *sind* etwas Anderes als Gelehrte: obwohl es nicht zu umgehn ist, dass wir auch, unter Anderem, gelehrt sind. (KSA 3, 635)

Die Rein-Erkennenden

Ein Charakteristikum, das die Gelehrten von Zarathustra unterscheidet, verbindet sie mit den »Rein-Erkennenden«: ihr Versuch, die Untersuchungsgegenstände mit dem Blick eines Unbeteiligten zu sehen.

> Aber sie [die Gelehrten] sitzen kühl in kühlem Schatten: sie wollen in Allem nur Zuschauer sein und hüten sich dort zu sitzen, wo die Sonne auf die Stufen brennt. (Z, Von den Gelehrten, 161)

Dies ist auch das Kennzeichen der »Rein-Erkennenden«: Ihr Anspruch, vollkommen unvoreingenommen und ohne Eigeninteresse Betrachter und Zuschauer zu sein.

> Jedes Redlichen Schritt redet; die Katze aber stiehlt sich über den Boden weg. Siehe, katzenhaft kommt der Mond daher und unredlich. –
>
> Dieses Gleichniss gebe ich euch empfindsamen Heuchlern, euch, den ›Rein-Erkennenden‹! Euch heisse *ich* – Lüsterne! […]
>
> ›Das wäre mir das Höchste – also redet euer verlogner Geist zu sich – auf das Leben ohne Begierde zu schaun und nicht gleich dem Hunde mit hängender Zunge: […].
>
> Wagt es doch erst, euch selber zu glauben – euch und euren Eingeweiden! Wer sich selber nicht glaubt, lügt immer. […] Wahrlich, ihr täuscht, ihr ›Beschaulichen‹! Auch Zarathustra war einst der Narr eurer göttlichen Häute; nicht errieth er das Schlangengeringel, mit denen sie gestopft waren.
>
> Eines Gottes Seele wähnte ich einst spielen zu sehn in euren Spielen, ihr Rein-Erkennenden! Keine bessere Kunst wähnte ich einst als eure Künste! (Z, Von der unbefleckten Erkenntniss, 156ff.)

Die Haltung der »Rein-Erkennenden« ist Zarathustra suspekt. Er unterstellt ihnen Selbsttäuschung: »Wagt es doch erst, euch selber zu glauben – euch und euren Eingeweiden!«.

Der Abschnitt ›Von der unbefleckten Erkenntniss‹ ist auch ein Seitenhieb auf Ästheten und das von ihnen angeschaute »Schöne«, welches Immanuel Kant in einer berühmten Definition als »Gegenstand des Wohlgefallens ohne alles Interesse« (Immanuel Kant, Kritik der Urteilskraft, I. Abschnitt 1. Buch §6) bezeichnet. Zarathustra spricht von einer anderen Schönheit:

> Wo ist Schönheit? Wo ich mit allem Willen *wollen muss*; wo ich lieben und untergehn will, dass ein Bild nicht nur Bild bleibe. […].

Aber nun will euer entmanntes Schielen ›Beschaulichkeit‹ heissen! Und was mit feigen Augen sich tasten lässt, soll ›schön‹ getauft werden! Oh, ihr Beschmutzer edler Namen! (Z, Von der unbefleckten Erkenntniss, 157)

Durch die Verbindung zu diesem – wie es sich hier darstellt – ästhetischen Mißverständnis des Schönen läßt sich Zarathustras Aussage »Keine Kunst wähnte ich einst als eure Künste!« auch mit Nietzsches eigener langer Hochschätzung des Ästhetischen in Verbindung setzen.

Der Vorwurf, den Zarathustra nun den Beschaulichen, »Rein-Erkennenden« macht, ist der ihrer zu geringen Liebe:

Wahrlich nicht als Schaffende, Zeugende, Werdelustige liebt ihr die Erde! (ebd.)

Die ästhetische Beschaulichkeit der »Rein-Erkennenden« versucht, sich herauszuhalten, dem Dasein nur freundlich zuzusehen. Zarathustra hält dem seine – größere – Liebe entgegen, welche gerade nicht interesselos ist, sondern Erkennen und Eingreifen verbindet:

Geküsst und gesaugt *will es* [das Meer] sein vom Durste der Sonne; Luft *will* es werden und Höhe und Fusspfad des Lichts und selber Licht!

Wahrlich, der Sonne gleich liebe ich das Leben und alle tiefen Meere.

Und diess heisst *mir* Erkenntniss: alles Tiefe soll hinauf – zu meiner Höhe! (ebd., 159)

Das Erkennen Zarathustras ist weder interesseloses Erkennen noch verzichtet er dabei auf die eigene Auslegung und Perspektive. Er legt das »Leben« willentlich so aus, daß es ins beste Licht gerückt erscheint.

Diese Perspektive ist die einer Arbeit an der möglichen Selbstvervollkommnung des Lebens. Am Beginn des vierten Buches wird die merkwürdige Charakterisierung der besonderen Erkenntnis Zarathustras in ein ausführliches Bild umgesetzt. Wie ein Angler wirft Zarathustra sein Glück – seine Erkenntnis und Lebensperspektive – als Köder aus, um damit möglichst viele zu locken, zu erziehen, ja zu »züchten«:

> Thue dich auf und wirf mir deine Fische und Glitzer-Krebse zu! Mit meinem besten Köder ködere ich mir heute die wunderlichsten Menschen-Fische!
>
> – mein Glück selber werfe ich hinaus in alle Weiten und Fernen, zwischen Aufgang, Mittag und Niedergang, ob nicht an meinem Glücke viele Menschen-Fische zerrn und zappeln lernen.
>
> Bis sie, anbeissend an meine spitzen verborgenen Haken, hinauf müssen in *meine* Höhe, die buntesten Abgrund-Gründlinge zu dem boshaftigsten aller Menschen-Fischfänger.
>
> *Der* nämlich bin ich von Grund und Anbeginn, ziehend, heranziehend, hinaufziehend, aufziehend, ein Zieher, Züchter und Zuchtmeister, der sich nicht umsonst einstmals zusprach: ›Werde, der du bist!‹ (Z, Das Honig-Opfer, 297)

Zarathustras Erkenntnis ist in diesem Sinne eine erziehende und züchtende. Die Tierart, die durch diese Erkenntnis weitergezüchtet werden soll, ist der Mensch. Nietzsche konnte – auch zu seiner Zeit provozierend genug – den Ausdruck »Zucht« noch auf Menschen anwenden, ohne daß damit die späteren Rassenzucht-Experimente der Nationalsozialisten hätten assoziiert werden können. Der Aspekt bleibt dennoch problematisch. Wenn im *Zarathustra* von Zucht die Rede ist, dann handelt es sich jedoch im oben skizzierten Sinne um eine Zucht durch Erkenntnisse, Perspektiven und Wertsetzungen.

Nietzsche betont, indem er den Menschen als Tier bezeichnet, daß dieser kein bloßes Verstandes- und Geistwesen ist, daß physiologische und psychologische Mechanismen zu seinen ihm selbst oft verborgenen Voraussetzungen gehören. Der »Erkennende« sieht ein Stück weit in diese Voraussetzungen hinein. Schon *Menschliches, Allzumenschliches* begreift den Menschen in diesem Sinne als »Ueber-Thier«:

> *Das Ueber-Thier.*– Die Bestie in uns will belogen werden; Moral ist Nothlüge, damit wir von ihr nicht zerrissen werden. Ohne die Irrthümer, welche in den Annahmen der Moral liegen, wäre der Mensch Thier geblieben. So aber hat er sich als etwas Höheres genommen und sich strengere Gesetze auferlegt. (KSA 2, 64)

Es gibt eine sinngemäße Replik dieses Abschnittes im *Zarathustra*. Dort berichtet der »Gewissenhafte der Geistes«:

> Die Furcht nämlich vor wildem Gethier – die wurde dem Menschen am längsten angezüchtet, einschliesslich das Thier, das er in sich selber birgt und fürchtet: – Zarathustra heisst es ›das innere Vieh.‹ (Z, Von der Wissenschaft, 377)

Im Sinne eines Erkennenden, der die Voraussetzungen der Menschen kennt, formuliert Nietzsche im *Zarathustra*:

> Meine Freunde, es kam eine Spottrede zu eurem Freunde: ›seht nur Zarathustra! Wandelt er nicht unter uns wie unter Thieren?‹
>
> Aber so ist es besser geredet: ›der Erkennende wandelt unter Menschen *als* unter Thieren.‹ (Z, Von den Mitleidigen, 113)

Der Erkennende vergleicht die Menschen nicht mit Tieren, für ihn sind sie noch Tiere. Wenn Zarathustra versucht, Menschen am Köder seines Glücks höher zu ziehen und zu züchten, so wäre das ein völlig fruchtloses Unterfangen, wenn zu den »biologischen« Eigenschaften des Lebewesens Mensch nicht eine besondere Formbarkeit und Unabgeschlossenheit gehören würde. Nietzsche charakterisiert den Menschen in einem Abschnitt der *Genealogie der Moral* in diesem Sinne als ein solches *»noch nicht festgestellte[s] Thier«* (KSA 11, 125). Zu den Chancen und Gefahren des Menschen gehört gerade, daß dieses Lebewesen mit sich selbst experimentieren kann, auf der Suche danach, was es ist:

> Denn der Mensch ist kränker, unsicherer, wechselnder, unfestgestellter als irgend ein Thier sonst, daran ist kein Zweifel – er ist *das* kranke Thier: woher kommt das? Sicherlich hat er auch mehr gewagt, geneuert, getrotzt, das Schicksal herausgefordert als alle übrigen Thiere zusammen genommen: er, der grosse Experimentator mit sich, der Unbefriedigte, Ungesättigte, der um die letzte Herrschaft mit Thier, Natur und Göttern ringt, – [...]. (KSA 5, 367)

Der Aufruf, den Zarathustra an sich selbst richtete: »Werde, der du bist!«, enthält diese experimentelle Komponente: das zu werden, was das noch nicht fixierte Lebewesen Mensch ist, indem im Versuch geprüft wird, was es noch sein kann.

Ein hohes Interesse an solchen Selbstversuchen vorausgesetzt, unterscheidet sich hierin Zarathustras »Erkenntnis« deutlich von dem interesselosen Wohlgefallen der »Rein-Erkennenden«.

Zuschauer will der Geist des Dichters: sollten's auch Büffel sein! –

Aber dieses Geistes wurde ich müde: und ich sehe kommen, dass er seiner selber müde wird.

Verwandelt sah ich schon die Dichter und gegen sich selber den Blick gerichtet.

Büsser des Geistes sah ich kommen: die wuchsen aus ihnen. (Z, Von den Dichtern, 166)

Daß die Dichter lügen, daß ihre ästhetischen Illusionen über das Dasein unredlich sind, machte die negative Seite des in Zarathustras Mund ambivalenten Begriffs »Dichter« aus.

Auffällig ist nun, daß den Dichtern kein Aufklärer oder Wissenschaftler entgegengehalten wird, der ihre Lügen entlarvt. Stattdessen kündigt Zarathustra an, daß die Dichter »gegen sich selbst den Blick« richten werden, daß sie gewissermaßen vor sich selbst nicht mehr bestehen können. Der Illusionskünstler und Lügner wird daher nicht an einem äußeren Maßstab gemessen, sondern erträgt sich selbst nicht mehr – er wird zum »Büsser des Geistes«.

Der alte Zauberer, der als Dichter bereits vorgestellt wurde, tritt im vierten Buch des *Zarathustra* als »Büsser des Geistes« auf, stimmt einen Jammergesang an – und wird von Zarathustra dafür geprügelt:

– Hier aber konnte sich Zarathustra nicht länger halten, nahm seinen Stock und schlug mit allen Kräften auf den Jammernden los. ›Halt ein! schrie er ihm zu, mit ingrimmigem Lachen, halt ein, du Schauspieler! Du Falschmünzer! Du Lügner aus dem Grunde! Ich erkenne dich wohl! (Z, Der Zauberer, 317)

Zarathustra nimmt dem alten Zauberer nicht ab, »Büsser des Geistes« zu sein, sich der Kälte des Gedankens aussetzen zu wollen: »Von dir gejagt, Gedanke!« – wie der Zauberer singend vorgibt. Diese Rahmengeschichte, in welcher der Illusionskünstler selbst den »Büsser des Geistes« zunächst nur vorgegaukelt haben will, verunsichert. Deutlich wird, wie bodenlos die Lüge geworden ist.

> […] Und, wahrlich, du hast mich gut durchschaut!
> Aber auch du – gabst mir von dir keine kleine Probe: du bist *hart*, du weiser Zarathustra! Hart schlägst du zu mit deinen ›Wahrheiten,‹ dein Knüttel erzwingt von mir – *diese* Wahrheit!‹
> – ›Schmeichle nicht, antwortete Zarathustra, immer noch erregt und finsterblickend, du Schauspieler aus dem Grunde! Du bist falsch: was redest du – von Wahrheit!‹ (ebd.)

Im nächsten Moment des Dialoges erklärt der alte Zauberer, wen er vorgespielt haben will. Er nimmt dabei ausdrücklich Bezug auf die frühere Ankündigung der »Büsser des Geistes« durch Zarathustra.

> ›*Den Büsser des Geistes*, sagte der alte Mann, *den* – spielte ich: du selber erfandest einst diess Wort –
> – den Dichter und Zauberer, der gegen sich selber endlich seinen Geist wendet, den Verwandelten, der an seinem bösen Wissen und Gewissen erfriert. […]‹ (ebd., 318)

Nach der Erklärung, die der alte Zauberer gibt, ist der »Büsser des Geistes« ein zur intellektuellen Redlichkeit sich selbst gegenüber Konvertierter, der an der Selbsterkenntnis »erfriert«. Eine Notiz Nietzsches charakterisiert den im Gesang des Zauberers gezeichneten Typus in diesem Sinne: » ›Wer liebt mich noch‹ – ein erfrierender Geist […]« (KSA 11, 342). Das Gedicht wurde zunächst ohne die vielfache Brechung der Rahmengeschichte von Nietzsche in eigenem Namen konzipiert.

Nietzsche zeichnet – konsequenterweise im ersten Buch seiner radikalen Aufklärung, in *Menschliches, Allzumenschliches* – eine entsprechende historische Entwicklungslinie, die nach dem Wegfall religiöser und metaphysischer Illusionen vom Künstler zum vorurteilslos Erkennenden führt:

> Jene [religiösen und metaphysischen] Voraussetzungen sind aber falsch: welche Stellung bleibt nach dieser Erkenntniss jetzt noch der Kunst? Vor Allem hat sie durch Jahrtausende hindurch gelehrt, mit Interesse und Lust auf das Leben in jeder Gestalt zu sehen und unsere Empfindung so weit zu bringen, dass wir endlich rufen: ›wie es auch sei, das Leben, es ist gut.‹ Diese Lehre der Kunst, Lust am Dasein zu haben und das Menschenleben wie ein Stück Natur, ohne zu heftige Mitbewegung, als Gegenstand gesetzmässiger Entwickelung anzusehen, – diese Lehre ist in uns hineingewachsen, sie kommt jetzt als allgewaltiges Bedürfniss des Erkennens wieder an's Licht. [...] Der wissenschaftliche Mensch ist die Weiterentwickelung des künstlerischen. (KSA 2, 185f.)

Hier fehlt noch völlig das Moment einer Erkenntnis, welche das Leben in Frage stellt, »sich selbst ins Leben schneidet«. Auffällig ist allerdings die Distanz des wissenschaftlichen Menschen, der seine Betrachtungen »ohne zu heftige Mitbewegung« anstellt. Jene interesselose Erkenntnis der »Rein-Erkennenden«, von denen Nietzsche den Zarathustra sagen läßt, auch er habe einst geglaubt, daß keine »bessere Kunst [...] als Eure Künste« sei, wird in diesem früheren Buch als einzig legitime Nachfolgerin der Kunst angesprochen.

Die bereits oben zitierte Liste der Gestalten für das vierte Buch des *Zarathustra* gibt einen entsprechenden

Übergang vom Künstler, hier dem Dichter, zum Erkennenden an. Dieselbe Liste enthält noch zwei weitere Figuren, deren Züge sich ebenfalls im alten Zauberer wiederfinden:

> der Dichter, im Grunde nach wilder Freiheit gelüstend, wählt die Einsamkeit und die *Strenge* der Erkenntniß.
>
> [...]
>
> der Erfinder neuer Rausch-Mittel, Musiker, der Bezauberer, der endlich vor einem liebevollen Herzen sich niederwirft und sagt: ›*nicht zu mir*! sondern zu *jenem* will ich euch führen!‹
>
> [...]
>
> das Genie (als Anfall von Wahnsinn) erfrierend aus Mangel an Liebe ›ich bin kein Gedanke und auch kein Gott‹ – große Zärtlichkeit ›Man muß ihn mehr lieben!‹ (KSA 11, 362f.)

Nietzsche verbindet die Charakteristika von Genie und Dichter im »erfrierenden Geist«, dem »Büsser des Geistes«.

Im weiteren Verlauf seines Dialoges mit dem alten Zauberer unterbricht Zarathustra dessen bodenloses Täuschungsmanöver:

> ›Du magst Feinere betrogen haben als mich, sagte Zarathustra hart. Ich bin nicht auf der Hut vor Betrügern, ich *muss* ohne Vorsicht sein: so will es mein Loos.
>
> Du aber – *musst* betrügen: so weit kenne ich dich! Du musst immer zwei- drei- vier- und fünfdeutig sein! Auch was du jetzt bekanntest, war mir lange nicht wahr und nicht falsch genung!
>
> Du schlimmer Falschmünzer, wie könntest du anders! Deine Krankheit würdest du noch schminken, wenn du dich deinem Arzte nackt zeigtest.
>
> So schminktest du eben vor mir deine Lüge, als du sprachst: ›ich trieb's also *nur* zum Spiele!‹ Es war auch *Ernst* darin, du *bist* Etwas von einem Büsser des Geistes!

Ich errathe dich wohl: du wurdest der Bezauberer Aller, aber gegen dich hast du keine Lüge und List mehr übrig, – du selber bist dir entzaubert!

Du erntetest den Ekel ein, als deine Eine Wahrheit. Kein Wort ist mehr an dir ächt, aber dein Mund: nämlich der Ekel, der an deinem Munde klebt.‹ –

[...] (Z, Der Zauberer, 318)

Zarathustra hält dem Zauberer keine unabhängige Wahrheit vor, sondern gewissermaßen den Spiegel. Er zeigt dem Illusionskünstler dessen eigene Tätigkeit, sein willentliches Erzeugen von neuer Illusion, und seine Motivation dazu: den Ekel vor allem, was seinen Ansprüchen von Schönheit und Größe nicht entspricht. Dieser Daseins-Ekel ist es, welcher sich schließlich als Selbsterkenntnis gegen den Zauberer richtet:

›Oh Zarathustra, ich bin's müde, es ekelt mich meiner Künste, ich bin nicht *gross*, was verstelle ich mich! Aber, du weisst es wohl – ich suchte nach Grösse!

Einen grossen Menschen wollte ich vorstellen und überredete Viele: aber diese Lüge gieng über meine Kraft. An ihr zerbreche ich.

[...]

Du schlimmer alter Zauberer, *das* ist dein Bestes und Redlichstes, was ich an dir ehre, dass du deiner müde wurdest und es aussprachst: ›ich bin nicht gross.‹ (ebd., 319)

Die Züge der dritten Figur, die in die Gestalt des Zauberers eingeht, des »Erfinders neuer Rauschmittel«, der »vor einem liebevollen Herzen sich niederwirft«, finden im Anschluß daran ihren Ort:

Oh Zarathustra, ich suche einen Ächten, Rechten, Einfachen, Eindeutigen, einen Menschen aller Redlichkeit, ein Gefäss der Weisheit, einen Heiligen der Erkenntniss, einen grossen Menschen!

Weisst du es denn nicht, oh Zarathustra? *Ich suche Zarathustra.*‹

– Und hier entstand ein langes Stillschweigen zwischen Beiden; Zarathustra aber versank tief hinein in sich selber, also dass er die Augen schloss. Dann, aber zu seinem Unterredner zurückkehrend, ergriff er die Hand des Zauberers und sprach, voller Artigkeit und Arglist:

›Wohlan! Dort hinauf führt der Weg, da liegt die Höhle Zarathustra's. In ihr darfst du suchen, wen du finden möchtest. [...]

Du suchst nach grossen Menschen, du wunderlicher Narr? Wer *lehrte's* dich? Ist heute dazu die Zeit? Oh du schlimmer Sucher, was – versuchst du mich?‹ – (ebd., 319f.)

Offensichtlich ist der Ausdruck »versuchen« mehrfach zu deuten. Die Versuchung Zarathustras besteht einmal darin, ihn auf die Probe zu stellen, wie es der Zauberer tat. Darüber hinaus suggeriert Zarathustras rhetorische Frage »Ist heute dazu die Zeit?«, daß gerade nicht die Zeit ist, in der nach »grossen Menschen« gesucht werden kann, daß er selbst nicht der Versuchung erliegt, sich für *den* großen Menschen zu halten oder sich sogar damit zufriedenzugeben. Zuletzt weisen Zarathustras Stillschweigen, seine Arglist und die Erlaubnis zu suchen, »wen du finden möchtest«, darauf hin, daß der Zauberer ihn im Sinne eines Verfehlens »versucht« hat: er liegt mit seinen Vorstellungen von Zarathustra daneben. Zarathustra ist – das zeigen seine Selbstwiderspüche und seine vielen Facetten – eines sicher nicht: ein Einfacher und Eindeutiger.

Auch Zarathustra ist ein »Dichter« und in sehr speziellem Sinne sogar eine Dichtung Nietzsches – eines jener Bilder, »nach denen *gelebt* werden kann« (KSA 10, 183).

Der Unterschied zum Zauberer liegt in der Motivation: Zarathustras Beweggrund soll gerade nicht mehr der Daseins-Ekel sein, dafür steht seine Überwindung des großen Ekels.

Der Schatten

> Wahrhaftig – so heisse ich Den, der in götterlose Wüsten geht und sein verehrendes Herz zerbrochen hat. (Z, Von den berühmten Weisen, 133)

Nietzsche läßt Zarathustra schließlich auf eine Figur treffen, die dieser Charakterisierung nach ein »Wahrhaftiger« sein müßte:

> Mit dir zerbrach ich, was je mein Herz verehrte, alle Grenzsteine und Bilder warf ich um, den gefährlichsten Wünschen lief ich nach, – wahrlich, über jedwedes Verbrechen lief ich einmal hinweg. (Z, Der Schatten, 340)

Der so spricht, stellt sich als der »Schatten« Zarathustras vor. Das Verhältnis eines anderen Wanderers zu seinem Schatten findet sich schon in dem Rahmendialog, der die gleichnamige ›Zweite Abtheilung‹ des zweiten Buches von *Menschliches, Allzumenschliches* einleitet und abschließt. Die kontrastierende, konturgebende Wirkung des Schattens, welche zur Verbesserung der Wahrnehmbarkeit beiträgt, wird eigens gewürdigt.

Dennoch ist dieser Schatten keine den Wanderer bloß kontrastierende Figur, sondern eine fast zwangsläufige Konsequenz seines Daseins – auf diese Besonderheit wird auch hinsichtlich des Verhältnisses Zarathustras zu seinem Schatten zu achten sein:

Der Wanderer: Ich merke erst, wie unartig ich gegen dich bin, mein geliebter Schatten: ich habe noch mit keinem Worte gesagt, wie sehr ich mich *freue*, dich zu hören und nicht blos zu sehen. Du wirst es wissen, ich liebe den Schatten, wie ich das Licht liebe. Damit es Schönheit des Gesichts, Deutlichkeit der Rede, Güte und Festigkeit des Charakters gebe, ist der Schatten so nöthig wie das Licht. Es sind nicht Gegner: sie halten sich vielmehr liebevoll an den Händen, und wenn das Licht verschwindet, schlüpft ihm der Schatten nach.

Der Schatten: Und ich hasse das Selbe, was du hassest, die Nacht; ich liebe die Menschen, weil sie Lichtjünger sind, und freue mich des Leuchtens, das in ihrem Auge ist, wenn sie erkennen und entdecken, die unermüdlichen Erkenner und Entdecker. Jener Schatten, welchen alle Dinge zeigen, wenn der Sonnenschein der Erkenntniss auf sie fällt, – jener Schatten bin ich auch. (KSA 2, 538)

Der Wanderer, der für den radikal-aufklärerischen »freien Geist« steht, wirft diesen Schatten: im Licht der aufgeklärten, vernünftigen Erkenntnis werden dunkle und unvernünftige Seiten der Welt, ja der menschlichen »Vernunft« selber, sichtbar. So heißt es gleich im zweiten Aphorismus dieses Abschnittes:

Die Vernunft der Welt. – Dass die Welt *nicht* der Inbegriff einer ewigen Vernünftigkeit ist, lässt sich endgültig dadurch beweisen, dass jenes *Stück Welt*, welches wir kennen – ich meine unsre menschliche Vernunft –, nicht allzu vernünftig ist [...]. (KSA 2, 540)

Im Falle des Wanderers ist es das Licht seiner radikalen Aufklärung, die auch eine Selbst-Aufklärung ist, welches den Schatten wirft. Es läßt sich nun fragen, in welchem Sinne Zarathustras Schatten seine Konsequenz oder dunkle Seite ist.

Zunächst fällt auf, daß Zarathustra seinen Schatten nicht so herzlich begrüßt wie der Wanderer. Das Verhältnis ist gespannter:

›Wer bist du? fragte Zarathustra heftig, was treibst du hier? Und wesshalb heissest du dich meinen Schatten? Du gefällst mir nicht.‹ (Z, Der Schatten, 339)

Auf die Frage, wer der Schatten sei, läßt sich zunächst wieder mit Nietzsches Entwurf aus der bereits mehrfach zitierten Liste der Figuren für das vierte Buch des *Zarathustra* antworten:

der Unstäte, Heimatlose, Wanderer – der sein Volk verlernt hat zu lieben, weil er viele Völker liebt, der gute Europäer. (KSA 11, 362)

Der Ausdruck »guter Europäer« findet sich noch oft in Nietzsches Werk, er tritt sogar als geplanter Buchtitel auf. Ein Charakteristikum des »guten Europäers« ist, daß er, wie es Zarathustra von sich selbst sagt, »viele Völker sah«. Der Zweifel am Absolutheitsanspruch des jeweiligen Wertmaßstabs eines Volks erwächst aus diesem Vergleich. Dieser Zweifel mündet in die »Noth des Geistes«, welcher sich vor der Aufgabe sieht, Maßstab und Ziel zu finden. In der Vorrede zu *Jenseits von Gut und Böse* formuliert Nietzsche diesen Gedanken:

Aber wir, die wir weder Jesuiten, noch Demokraten, noch selbst Deutsche genug sind, wir *guten Europäer* und freien, *sehr* freien Geister – wir haben sie noch, die ganze Noth des Geistes und die ganze Spannung seines Bogens! Und vielleicht auch den Pfeil, die Aufgabe, wer weiss? das *Ziel* ..... (KSA 5, 13)

»[...], wer weiss?« ... – Zarathustras Schatten jedenfalls steht für eine orientierungs- und perspektivlose »Noth des Geistes«. Aus Zarathustras Infragestellung aller bisherigen Werte und Verbindlichkeiten, deren Vernichtung ihm als »Schaffendem« grundsätzlich möglich ist, folgert sein Schatten die Beliebigkeit. Indem er so jedes Ziel verliert, ist er die mögliche Konsequenz und dunkle Kehrseite Zarathustras und die Gefahr, in welche die Wahrhaftigkeit Zarathustras führt:

> ›Nichts ist wahr, Alles ist erlaubt‹: so sprach ich mir zu. In die kältesten Wasser stürzte ich mich, mit Kopf und Herzen. Ach, wie oft stand ich darob nackt als rother Krebs da! [...]
>
> Zu oft, wahrlich, folgte ich der Wahrheit dicht auf dem Fusse: da trat sie mir vor den Kopf. Manchmal meinte ich zu lügen, und siehe! da erst traf ich – die Wahrheit.
>
> Zu Viel klärte sich mir auf: nun geht es mich Nichts mehr an. Nichts lebt mehr, das ich liebe, – wie sollte ich noch mich selber lieben?
>
> [...]
>
> Diess Suchen nach *meinem* Heim: oh Zarathustra, weisst du wohl, diess Suchen war *meine* Heimsuchung, es frisst mich auf.
>
> ›Wo ist – *mein* Heim?‹ Darnach frage und suche und suchte ich, das fand ich nicht. Oh ewiges Überall, oh ewiges Nirgendwo, oh ewiges – Umsonst!‹
>
> Also sprach der Schatten, und Zarathustra's Gesicht verlängerte sich bei seinen Worten. ›Du bist mein Schatten! sagte er endlich, mit Traurigkeit.
>
> Deine Gefahr ist keine kleine, du freier Geist und Wanderer! Du hast einen schlimmen Tag gehabt: sieh zu, dass dir nicht noch ein schlimmerer Abend kommt!
>
> [...] Du hast das Ziel verloren: wehe, wie wirst du diesen Verlust verscherzen und verschmerzen? Damit – hast du auch den Weg verloren! (Z, Der Schatten, 340f.)

Es ist die Haltung und Motivation *hinter* der »Wahrhaftigkeit«, welche der Kontrast zwischen der Wahrhaftigkeit des Schattens und der Wahrhaftigkeit Zarathustras ausmacht. Auch Zarathustra erweist sich als freier Geist; Nietzsche versucht jedoch, mit Zarathustra den Gegenentwurf zu einem orientierungslos freien Geist zu gestalten: Im Gegensatz zu seinem Schatten erliegt Zarathustra nicht den Gefahren seiner Autonomie, also der Notwendigkeit, sich selbst Gesetze zu geben.

> Frei wovon? Was schiert das Zarathustra! Hell aber soll mir dein Auge künden: frei *wozu*?
>
> Kannst du dir selber dein Böses und dein Gutes geben und deinen Willen über dich aufhängen wie ein Gesetz? Kannst du dir selber Richter sein und Rächer deines Gesetzes?
>
> Furchtbar ist das Alleinsein mit dem Richter und Rächer des eignen Gesetzes. Also wird ein Stern hinausgeworfen in den öden Raum und in den eisigen Athem des Alleinseins. (Z, Vom Wege des Schaffenden, 81)

Zarathustras Wahrhaftigkeit

Die »berühmten Weisen«, der »Gewissenhafte des Geistes«, die »Gelehrten«, die »Rein-Erkennenden«, der »Büsser des Geistes« und sogar Zarathustras »Schatten« stehen im Kontrast zur Wahrhaftigkeit Zarathustras. Von jeder dieser Figuren distanziert er sich.

Dennoch kann der – erfolgversprechende – Versuch unternommen werden, wenigstens einige Züge jeder Figur in Zarathustra selbst oder seinem fiktiven Werdegang wiederzufinden: etwa, wenn er berichtet, selbst im »Hause der Gelehrten« gewohnt zu haben, oder »einst« keine Kunst höher geschätzt zu haben als die »Künste« der »Rein-Erkennenden«. Am deutlichsten wird dieses Wiederauftreten von Kennzeichen der Kontrastfiguren in der Gestalt Zarathustras an Zarathustras »Schatten«. Er führt Zarathustra die Gefahr der eigenen Wahrhaftigkeit vor Augen.

Auch für Zarathustra dürfte gelten, was Nietzsche in *Jenseits von Gut und Böse* vom »wirklichen Philosophen« sagt:

> [...], er muss selbst vielleicht Kritiker und Skeptiker und Dogmatiker und Historiker und überdies Dichter und Sammler und Reisender und Räthselrather und Moralist und Seher und ›freier Geist‹ und beinahe Alles gewesen sein, [...] (KSA 5, 144)

Die feinen Unterschiede und Gemeinsamkeiten Zarathustras und jener Anderen seiner selbst formuliert Nietzsches Text.

Oft lassen sich darüber hinaus Textstellen aus anderen Werken, oder – wie im Falle des poetischen Textes »Nur Narr! Nur Dichter!« – nachweislich Texte, die Nietzsche zunächst in eigener Sache verfaßte, den Kontrastfiguren erläuternd zuordnen.

Also sprach Zarathustra arrangiert – so gesehen – in weiten Teilen frühere Gedanken Nietzsches neu. Mehr noch: indem Nietzsche die Figur Zarathustra kontrastierend und kommentierend neben die anderen hält, ist sein Buch auch ein Selbstkommentar.

Um den *Zarathustra* in dieser Weise lesen zu können, ist es wichtig, darauf zu achten, welcher Figur und welchem Typus Nietzsche die jeweiligen Sätze oder Gedanken zuschreibt; schon darin besteht ein inhaltlich wichtiger Kommentar.

Tatsächlich zeigt sich, daß die Haltung und Motivation der anderen Figuren Hauptgrund dafür ist, daß sich Zarathustra von ihnen distanziert.

Seine heftige Betonung der Ungleichheit der Menschen und der Bedeutung persönlicher Perspektiven verbindet sich in bedenklicher Weise mit der Rede von gewissermaßen aristokratischen Vorrechten. In einen entsprechenden Zusammenhang stellt Nietzsche den Begriff »Wahrhaftigkeit« in *Jenseits von Gut und Böse*:

> Der vornehme Mensch trennt die Wesen von sich ab, an denen das Gegentheil solcher gehobener stolzer Zustände zum Ausdruck kommt: er verachtet sie. [...]. Verachtet wird der Feige, der Ängstliche, der Kleinliche, der an die enge Nützlichkeit Denkende; ebenso der Misstrauische mit seinem unfreien Blicke, der Sich-Erniedrigende, die Hunde-Art von Mensch, welche sich misshandeln lässt, der bettelnde Schmeichler, vor Allem der Lügner: – es ist ein Grundglaube aller Aristokraten, dass das gemeine Volk lügnerisch ist. ›Wir Wahrhaftigen‹ – so nannten sich im alten Griechenland die Adeligen. (KSA 5, 209)

Die Wahrheit als Vorrecht der Vornehmen? Zarathustras Wahrhaftigkeit provoziert Fragen.

Zarathustra, der etwas andere Weise

Im ersten Teil ist Zarathustra ein Weiser, der seine Einsiedelei verläßt und zum überlegenen Lehrer wird. Die Gestalt bleibt vergleichsweise blaß.

»Wahrlich, ich rathe euch: geht fort von mir und wehrt euch gegen Zarathustra! Und besser noch: schämt euch seiner! Vielleicht betrog er euch.« (Z, Von der schenkenden Tugend, 101) – der Aufruf zur Autonomie, der den ersten Teil abschließt, setzt das nötige Fragezeichen hinter die Lehren und den Lehrer. Noch sieht Zarathustra anderen Weisheitslehrern oder Religionsstiftern zum Verwechseln ähnlich. Erst mit dem Beginn des zweiten Teiles beginnen sich seine Konturen deutlicher abzuzeichnen.

Die Besonderheit seines Ekels, Ja-Sagens, Schaffens und Dichtens oder seiner Wahrhaftigkeit wird aus den Stellungnahmen und durch Kontrastfiguren ersichtlich.

Querbezüge im Buch selbst und zu anderen Werken Nietzsches verhelfen den genannten Facetten zu größerer Plastizität.

Darüber hinaus finden sich Passagen, die Stimmungen zum Ausdruck bringen: Zarathustra kennt Schwermut, Einsamkeit, Sehnsucht ebenso wie Gelassenheit und Euphorie.

Ein schon von der Textform her auffälliger Abschnitt beinhaltet eine Auswahl und Zusammenfassung charakteristischer Züge. Er schließt den dritten Teil des *Zarathustra* ab. ›Die sieben Siegel‹ erhält den Untertitel ›das Ja- und Amen-Lied‹. Der Abschnitt ist siebenteilig, jeder der strophenartigen Teile endet refrainartig. Facetten, die dem »neuen Typus« Zarathustra eigentümlich sind, werden durch den Refrain mit dem Gedanken der »ewigen Wiederkehr des Gleichen« in Zusammenhang gebracht.

> [...] oh wie sollte ich nicht nach der Ewigkeit brünstig sein und nach dem hochzeitlichen Ring der Ringe, – dem Ring der Wiederkunft! (Z, Die sieben Siegel, 287)

Der Anfang des Refrains stellt den Zusammenhang ausdrücklich fest. Durch den Refrain wird jede Strophe zu einem Argument dafür, daß Zarathustra die »Wiederkunft« denken kann und denken will. Das Argumentationsmuster ist: Wenn ich *so* bin, wie sollte ich nicht die Wiederkunft wollen. Der Typus des Zarathustra tritt in weiten Teilen des Buches an die Stelle einer argumentativen Begründung der Gedanken. Ausgangspunkt ist kein Grundsatz, kein Axiom. Im

Zarathustra finden sich wenige Folgerungen. Stattdessen ist der Versuch bemerkbar, sowohl Stellungnahmen als auch den Typus dessen festzuhalten, der Stellung bezieht. Hiermit gestaltet Nietzsche versuchsweise die Gesamtaufnahme einer Perspektive: der Betrachtende, Bewertende rückt ins Bild.

›Die sieben Siegel‹ stellen Zarathustra als denjenigen Typus Mensch dar, der das Leben unter der Perspektive der »ewigen Wiederkunft des Gleichen« sehen kann und will. Bereits nachgezeichnete Facetten dieses Typus finden sich dort wieder: »Wenn ich je frohlockend sass, wo alte Götter begraben liegen, weltsegnend, weltliebend neben den Denkmalen alter Welt-Verleumder [...]« (ebd., 288) – der zweite Abschnitt verweist auf Zarathustra den Gottlosen. Seine Absage an jedes Ideal, jede Instanz, welche das in der Welt Mögliche übersteigt, klingt an.

Die beiden folgenden Abschnitte (3. und 4.) spielen auf die Facette des Schaffenden an, der Neu- und Umbewertungen vornimmt:

> ›Wenn ich selber ein Korn bin von jenem erlösenden Salze, welches macht, dass alle Dinge im Mischkruge gut sich mischen: –
> – denn es giebt ein Salz, das Gutes mit Bösem bindet; und auch das Böseste ist zum Würzen würdig und zum letzten Überschäumen: – [...] (ebd., 289)

Schließlich läßt eine Zeile des siebten Abschnittes die Problematisierung der einen Wahrheit anklingen, das Fehlen absoluter Orientierung, die Perspektivität, welche es Zarathustra erlaubt, sowohl »freier Geist« als auch »Dichter« zu sein:

> [...] – so aber spricht Vogel-Weisheit: ›Siehe, es giebt kein Oben, kein Unten! Wirf dich umher, hinaus, zurück, du Leichter! Singe! sprich nicht mehr!

– ›sind alle Worte nicht für die Schweren gemacht? Lügen dem Leichten nicht alle Worte! Singe! sprich nicht mehr!‹– (ebd., 291)

Einige der im Abschnitt anklingenden Facetten Zarathustras wurden bislang zurückgestellt: Der Wahrsager, der Entdecker, Versucher, Experimentator, der Tänzer und Lachende, der Krüppel.

Der Wahrsager

Wenn ich ein Wahrsager bin und voll jenes wahrsagerischen Geistes, der auf hohem Joche zwischen zwei Meeren wandelt, –

zwischen Vergangenem und Zukünftigem als schwere Wolke wandelt, – schwülen Niederungen feind und Allem, was müde ist und nicht sterben, noch leben kann:

zum Blitze bereit im dunklen Busen und zum erlösenden Lichtstrahle, schwanger von Blitzen, die Ja! sagen, Ja! lachen, zu wahrsagerischen Blitzstrahlen: –

– selig aber ist der also Schwangere! Und wahrlich, lange muss als schweres Wetter am Berge hängen, wer einst das Licht der Zukunft zünden soll! – […] (ebd., 287)

Diese Facette wurde bislang erst gestreift: »Oh, wollten doch die Dichter wieder werden, was sie einstmals gewesen sein sollen: – *Seher,* die uns etwas von dem *Möglichen* erzählen!« (KSA 3, 321). Mit dieser Stelle aus der *Morgenröthe* ließ sich ein Stück weit nachvollziehen, in welchem Sinne Zarathustra sich als Dichter bezeichnet. Seher, Wahrsager, Weissager sind Selbstbezeichnungen, die einen Zukunftsbezug herstellen. Zarathustra will Zukunftsweisendes mitteilen, greift sogar ein Stück weit der Gegenwart vor. Das Bild ist nicht das eines raunenden und orakelnden

Wahrsagers; Zarathustra spricht aus seiner Einsicht in die Dynamik des Vorhandenen, benennt Tendenzen, »spricht auch, was er weiss, ein Weissager« (Z, Von den drei Bösen, 240). Nietzsche notiert einen Übergang vom »freien Willen« zu einer dynamischen Verknüpfung des Jetzigen mit dem Zukünftigen, welche je nach Kenntnisstand Voraussagen zuläßt:

> Auflösung des *›freien Willens‹* und der Verantwortlichkeit in ein **Vorhersagen** und einen Grad von Wahrscheinlichkeit nach unserer Kenntniß von uns selber. (KSA 10, 480)

Trotzdem ist das Wahrsagen Zarathustras keine Kalkulation. Es bleibt ein Spiel mit Möglichkeiten, ein mutwilliges Spiel, welches sich gegen den Stillstand des Vorhandenen richtet, »feind« dem, »was müde ist und nicht sterben noch leben kann«. Es ist ein Denken, das sprunghaft Alternativen skizziert und vorwegnimmt:

> Zarathustra der Wahrsager, Zarathustra der Wahrlacher, kein Ungeduldiger, kein Unbedingter, Einer, der Sprünge und Seitensprünge liebt; ich selber setzte mir diese Krone auf! (Z, Vom höheren Menschen, 366)

Der Entdecker, Versucher, Experimentator

Wenn ich dem Meere hold bin und Allem, was Meeres-Art ist, und am holdesten noch, wenn es mir zornig widerspricht:

> Wenn jene suchende Lust in mir ist, die nach Unentdecktem die Segel treibt, wenn eine Seefahrer-Lust in meiner Lust ist:

> Wenn je mein Frohlocken rief: ›die Küste schwand, – nun fiel mir die letzte Kette ab –
>
> – das Grenzenlose braust um mich, weit hinaus glänzt mir Raum und Zeit, wohlan! wohlauf! altes Herz!‹ – (Z, Die sieben Siegel, 290)

Die Facette des Entdeckers und Suchenden schließt sich fast nahtlos an die des Wahrsagers an. Der Zukunftsbezug wird verstärkt. Das Fallen von Sicherheiten – von »Küsten« – wirkt nicht bedrohlich, sondern als Befreiung zu Neuem. Experiment und Expedition sind Stichworte, welche die Arbeit an der Überwindung der Gegenwart genauso bezeichnen wie die Selbstüberwindung.

Nietzsche fühlt sich früh als ein »Unzeitgemäßer«, schreibt ab 1873 *Unzeitgemäße Betrachtungen*. Die Distanz zur zeitgenössischen Welt wird immer wieder benannt: eine Haltung und Stimmung der Fremdheit gegenüber einer Gegenwart, die gleichermaßen als gefährdend und als verächtlich empfunden wird. Die Fremdheit gegenüber der Gegenwart fordert den Mut zum Risiko, zum Neuen.

> Fremd sind mir und ein Spott die Gegenwärtigen, zu denen mich jüngst das Herz trieb; und vertrieben bin ich aus Vater- und Mutterländern.
>
> So liebe ich allein noch meiner *Kinder Land*, das unentdeckte, im fernsten Meere: nach ihm heisse ich meine Segel suchen und suchen.
>
> An meinen Kindern will ich es gut machen, dass ich meiner Väter Kind bin: und an aller Zukunft – *diese* Gegenwart! (Z, Vom Lande der Bildung, 155)

Der Tänzer und Lachende

> Wenn meine Tugend eines Tänzers Tugend ist, und ich oft mit beiden Füssen in gold-smaragdenes Entzücken sprang:
>
> Wenn meine Bosheit eine lachende Bosheit ist, heimisch unter Rosenhängen und Lilien-Hecken:
>
> – im Lachen nämlich ist alles Böse bei einander, aber heilig- und losgesprochen durch seine eigne Seligkeit:–
>
> Und wenn Das mein A und O ist, dass alles Schwere leicht, aller Leib Tänzer, aller Geist Vogel werde: und wahrlich, Das ist mein A und O! – (Z, Die sieben Siegel, 290)

Tanz und Lachen charakterisieren die Leichtigkeit. Nietzsche versucht, den Typus Zarathustras vom Titanischen freizuhalten. Seine Gedanken sollen keinem zerquälten Gemüt abgerungen, seine Aufgaben nicht mit letzter Kraft gelöst erscheinen.

> Die Mühsal ist ein Einwand, der Gott ist typisch vom Helden unterschieden (in meiner Sprache: die *leichten* Füsse das erste Attribut der Göttlichkeit). (KSA 6, 90)

Zarathustras Leichtigkeit und Leichtfertigkeit dienen als Ausweis seiner Flugtauglichkeit: in seinem Typus soll die Möglichkeit zu Höhenflügen liegen. Die Distanz, ja Vogelperspektive seiner Gedanken, die weiten Gedankenflüge des »Wahrsagers« sollen glaubhaft werden, nicht als Ausgeburten einer nervösen Phantasie erscheinen.

> Zarathustra der Tänzer, Zarathustra der Leichte, der mit den Flügeln winkt, ein Flugbereiter, allen Vögeln zuwinkend, bereit und fertig, ein Selig-Leichtfertiger: – (Z, Vom höheren Menschen, 366)

Nietzsche bezeichnet es noch in *Ecce homo* als das »psychologische Problem im Typus des Zarathustra«, »[...] wie der das Schwerste von Schicksal, ein Verhängniss von Aufgabe tragende Geist trotzdem der leichteste und jenseitigste sein kann« (KSA 6, 345). Das Problem wird auch in der *Fröhlichen Wissenschaft* umrissen. Dort ist es der Kontrast zwischen Philosophen und Gelehrten, die mögliche Stellung des philosophischen neben dem wissenschaftlichen Denken, die im Bild des Tanzes formuliert werden:

> [...] – und ich wüsste nicht, was der Geist eines Philosophen mehr zu sein wünschte, als ein guter Tänzer. Der Tanz nämlich ist sein Ideal, auch seine Kunst, zuletzt auch seine einzige Frömmigkeit, sein ›Gottesdienst‹ ... (KSA 3, 635)

Nietzsche hat diese Leichtigkeit, die Zarathustra für sich beansprucht, wohl nur selten selbst erlebt. Sogar Zarathustras Tanz und Lachen wirkt oft noch schwerfällig, sein sprachlicher Ausdruck fast pathetisch. Es ist der Versuch, diese Leichtigkeit philosophisch zu rehabilitieren, der beachtenswert erscheint.

Der Krüppel

Das Jetzt und das Ehemals auf Erden – ach! meine Freunde – das ist *mein* Unerträglichstes; und ich wüsste nicht zu leben, wenn ich nicht noch ein Seher wäre, dessen, was kommen muss.

Ein Seher, ein Wollender, ein Schaffender, eine Zukunft selber und eine Brücke zur Zukunft – und ach, auch noch gleichsam ein Krüppel an dieser Brücke: das Alles ist Zarathustra.

Und auch ihr fragtet euch oft: ›wer ist uns Zarathustra? Wie soll er uns heissen?‹ Und gleich mir selber gabt ihr euch Fragen zur Antwort. (Z, Von der Erlösung, 179)

Die Facetten Zarathustras fügen sich nicht bruchlos. Zarathustra ist kein ganzheitlich vollendetes Ideal. Seine Sehnsucht greift auf die Zukunft vor, sein Typus ist eine bereits in die Menschheit »hineingesehene« Möglichkeit, ist Vorgriff, doch an dem Brückenweg zur Zukunft, die er zeigt, steht er selber noch – als Krüppel.

Die Facetten Zarathustras geben Fragen zur Antwort.

Fluchtpunkte

Übermensch

> Der Gegensatz des *Übermenschen* ist der *letzte Mensch*: ich schuf ihn zugleich mit jenem. (KSA 10, 162)

Diese Notiz Nietzsches aus dem Winter 1882/83 führt direkt ins Zentrum des ersten Buches. Tatsächlich ist der Übermensch eine der Parolen, an die man denkt, wenn man den Titel *Zarathustra* oder den Namen Friedrich Nietzsche hört.

Und ein Satz zum Übermenschen ist auch das erste, was Zarathustra sagt, als er aus den Bergen kommend die Stadt erreicht. Der erste Satz, den er auf dem Markte der anwesenden Menge sagt, ist gleich die Ankündigung einer Lehre – der des Übermenschen: »Und Zarathustra sprach also zum Volke: / *Ich lehre euch den Übermenschen*. Der Mensch ist Etwas, das überwunden werden soll. Was habt ihr gethan, ihn zu überwinden?« (Z, Zarathustra's Vorrede, 14). Eine eigenartige Ansprache, denjenigen, an die sie sich wendet, zu predigen, daß sie überwunden werden müßten.

Konsequenterweise endet diese Ansprache mit dem Lachen der Zuhörer: »Und alles Volk lachte über Zarathustra« (ebd., 16).

> Als Zarathustra diese Worte gesprochen hatte, sahe er wieder das Volk an und schwieg. ›Da stehen sie‹, sprach er zu seinem Herzen, ›da lachen sie: sie verstehen mich nicht, ich bin nicht der Mund für diese Ohren.

Muss man ihnen erst die Ohren zerschlagen, dass sie lernen, mit den Augen hören? Muss man rasseln gleich Pauken und Busspredigern? Oder glauben sie nur dem Stammelnden?

Sie haben Etwas, worauf sie stolz sind. Wie nennen sie es doch, was sie stolz macht? Bildung nennen sie's, es zeichnet sie aus vor den Ziegenhirten.

Drum hören sie ungern von sich das Wort ›Verachtung‹. So will ich denn zu ihrem Stolze reden.

So will ich ihnen vom Verächtlichsten sprechen: das aber ist *der letzte Mensch*.‹ (Z, Zarathustra´s Vorrede, 18f.)

Diejenigen, an welche Zarathustra seine ersten Reden richtet, stehen nach dieser vorläufigen, strategischen Überlegung zwischen dem Übermenschen und dem »letzten Menschen«. Indem Zarathustra ihnen den »letzten Menschen« vorstellt, glaubt er, an ihren Stolz appellieren zu können, diese »Verächtlichste[n]« nicht zu sein.

Mehr noch: Übermensch und »letzter Mensch« werden den Zuhörern als Alternative vor Augen gestellt. Nach Zarathustras Diagnose besteht *noch* die Möglichkeit zur Entscheidung: der »letzte Mensch« heißt auch deshalb der letzte, weil er keine Alternativen mehr haben wird. Das »Glück«, das die letzten Menschen erfunden zu haben glauben, wird von diesen nicht mehr für etwas Neues aufs Spiel gesetzt:

Und also sprach Zarathustra zum Volke:

Es ist an der Zeit, dass der Mensch sich sein Ziel stecke. Es ist an der Zeit, dass der Mensch den Keim seiner höchsten Hoffnung pflanze.

Noch ist sein Boden dazu reich genug. Aber dieser Boden wird einst arm und zahm sein, und kein hoher Baum wird mehr aus ihm wachsen können.

Wehe! Es kommt die Zeit, wo der Mensch nicht mehr den Pfeil seiner Sehnsucht über den Menschen hinaus wirft, und die Sehne seines Bogens verlernt hat, zu schwirren!

Ich sage euch: man muss noch Chaos in sich haben, um einen tanzenden Stern gebären zu können. Ich sage euch: ihr habt noch Chaos in euch.

Wehe! Es kommt die Zeit, wo der Mensch keinen Stern mehr gebären wird. Wehe! Es kommt die Zeit des verächtlichsten Menschen, der sich selber nicht mehr verachten kann.

Seht! Ich zeige euch den *letzten Menschen*.

›Was ist Liebe? Was ist Schöpfung? Was ist Sehnsucht? Was ist Stern?‹ – so fragt der letzte Mensch und blinzelt.

Die Erde ist dann klein geworden, und auf ihr hüpft der letzte Mensch, der Alles klein macht. Sein Geschlecht ist unaustilgbar, wie der Erdfloh; der letzte Mensch lebt am längsten.

›Wir haben das Glück erfunden‹ – sagen die letzten Menschen und blinzeln.

Sie haben die Gegenden verlassen, wo es hart war zu leben: denn man braucht Wärme. Man liebt noch den Nachbar und reibt sich an ihm: denn man braucht Wärme.

Krankwerden und Misstrauen-haben gilt ihnen sündhaft: man geht achtsam einher. Ein Thor, der noch über Steine oder Menschen stolpert!

Ein wenig Gift ab und zu: das macht angenehme Träume. Und viel Gift zuletzt, zu einem angenehmen Sterben.

Man arbeitet noch, denn Arbeit ist eine Unterhaltung. Aber man sorgt, dass die Unterhaltung nicht angreife.

Man wird nicht mehr arm und reich: Beides ist zu beschwerlich. Wer will noch regieren? Wer noch gehorchen? Beides ist zu beschwerlich.

Kein Hirt und Eine Heerde! Jeder will das Gleiche, Jeder ist gleich: wer anders fühlt, geht freiwillig in's Irrenhaus.

›Ehemals war alle Welt irre‹ – sagen die Feinsten und blinzeln.

> Man ist klug und weiss Alles, was geschehn ist: so hat man kein Ende zu spotten. Man zankt sich noch, aber man versöhnt sich bald – sonst verdirbt es den Magen.
>
> Man hat sein Lüstchen für den Tag und sein Lüstchen für die Nacht: aber man ehrt die Gesundheit.
>
> ›Wir haben das Glück erfunden‹ – sagen die letzten Menschen und blinzeln. – (ebd., 19f.)

Der Lebensinhalt des »letzten Menschen«, wie Zarathustra ihn schildert, reduziert sich auf die Selbsterhaltung: »Krankwerden und Misstrauen-haben gilt ihnen sündhaft: man geht achtsam einher. Ein Thor, der noch über Steine oder Menschen stolpert!«, »der letzte Mensch lebt am längsten«. Er lebt für Unterhaltung und möglichst risikolosen Genuß.

Zarathustras Strategie geht nicht auf: Statt diese Möglichkeit verächtlich von sich zu weisen, sind Zarathustras Zuhörer spontan begeistert:

> Und hier endete die erste Rede Zarathustra's, welche man auch ›die Vorrede‹ heisst: denn an dieser Stelle unterbrach ihn das Geschrei und die Lust der Menge. ›Gieb uns diesen letzten Menschen, oh Zarathustra, – so riefen sie – mache uns zu diesem letzten Menschen! So schenken wir dir den Übermenschen!‹ Und alles Volk jubelte und schnalzte mit der Zunge. Zarathustra aber wurde traurig und sagte zu seinem Herzen:
>
> Sie verstehen mich nicht: ich bin nicht der Mund für diese Ohren.
>
> Zu lange wohl lebte ich im Gebirge, zu viel horchte ich auf Bäche und Bäume: nun rede ich ihnen gleich den Ziegenhirten.
>
> Unbewegt ist meine Seele und hell wie das Gebirge am Vormittag. Aber sie meinen, ich sei kalt und ein Spötter in furchtbaren Spässen.
>
> Und nun blicken sie mich an und lachen: und indem sie lachen, hassen sie mich noch. Es ist Eis in ihrem Lachen. (ebd., 20f.)

Das Scheitern der Ansprache an die Menge ist in mehrfacher Hinsicht von Bedeutung: Zunächst spiegelt es Nietzsches Aussage in *Ecce homo* wieder, daß Zarathustra keinen neuen Glauben stiften will: »hier wird nicht ›gepredigt‹, hier wird nicht *Glauben* verlangt« (KSA 6, 260). Gleich die Vorrede stellt klar, daß keine »Lehre« vom Übermenschen den Aufruf zur Autonomie, zur eigenen Perspektive und Zielgebung ersetzen kann, der sich immer wieder im *Zarathustra* findet. Nietzsche zitiert selbst im Anschluß an seinen Kommentar die Schlußpassage aus dem ersten Buche des *Zarathustra*, in der Zarathustra seine Jünger vor sich warnt und fortschickt:

> Nun heisse ich euch, mich verlieren und euch finden; und erst, wenn ihr mich Alle verleugnet habt, will ich euch wiederkehren. (Z, Von der schenkenden Tugend, 101)

Die »Predigt« an eine Menge ist – so stellt Zarathustra nach seinem Mißerfolg fest – das falsche Medium für eine Aufforderung zur Selbständigkeit und individuellen Autonomie.

> Ein Licht gieng mir auf: Gefährten brauche ich und lebendige, – nicht todte Gefährten und Leichname, die ich mit mir trage, wohin ich will.
>
> Sondern lebendige Gefährten brauche ich, die mir folgen, weil sie sich selber folgen wollen – und dorthin, wo ich will.
>
> Ein Licht gieng mir auf: nicht zum Volke rede Zarathustra, sondern zu Gefährten! Nicht soll Zarathustra einer Heerde Hirt und Hund werden!
>
> Viele wegzulocken von der Heerde – dazu kam ich. (Z, Zarathustra's Vorrede, 25)

Der Absicht nach richtet sich Zarathustras Bemühung gegen eine homogene Menschenmasse, eine »Heerde«, in der die Unterschiede zwischen Menschen zum Verschwinden gebracht werden und welche hochgradig heteronom – also von äußerer Gesetzgebung abhängig – einem Führer oder einer einheitlichen Idee nachläuft.

Stattdessen setzt er in einem Textabschnitt aus *Jenseits von Gut und Böse* auf den erzieherischen Wert von Unterschieden und gesellschaftlichen Distanzierungen. Diese bleiben jedoch kein Selbstzweck, sondern dienen der Entwicklung des »Pathos der Distanz« sich selbst gegenüber: der Selbstdistanzierung, die zu hohen Forderungen an sich selbst die Grundlage abgibt.

> Ohne das *Pathos der Distanz*, wie es aus dem eingefleischten Unterschied der Stände, aus dem beständigen Ausblick und Herabblick der herrschenden Kaste auf Unterthänige und Werkzeuge und aus ihrer ebenso beständigen Übung im Gehorchen und Befehlen, Nieder- und Fernhalten erwächst, könnte auch jenes andre geheimnissvollere Pathos gar nicht erwachsen, jenes Verlangen nach immer neuer Distanz-Erweiterung innerhalb der Seele selbst, die Herausbildung immer höherer, seltenerer, fernerer, weitgespannterer, umfänglicherer Zustände, kurz eben die Erhöhung des Typus ›Mensch‹, die fortgesetzte ›Selbst-Überwindung des Menschen‹, um eine moralische Formel in einem übermoralischen Sinne zu nehmen. (KSA 5, 205)

Ein zweiter Aspekt, den das Scheitern der »Predigt« Zarathustras verdeutlicht, läßt sich an der Begeisterung der Menge für den »letzten Menschen« festmachen. Der – historischen – Tendenz nach entwickelt sich der »letzte Mensch« von selbst oder »unbedingt«, daher meint Nietzsche, mit seiner gegen diese Tendenz gerichteten Aufforderung an die Menschheit herantreten zu müssen – unter anderem durch die Veröffentlichung des *Zarathustra*.

In einer Skizze Nietzsches aus dem Jahre 1883 finden sich beide Aspekte wieder:

> *Meine* Forderung: Wesen hervorzubringen, welche über der ganzen Gattung ›Mensch‹ erhaben dastehen: und diesem Ziele sich und ›die Nächsten‹ zu opfern.
>
> Die bisherige Moral hatte ihre Grenze innerhalb der Gattung: alle bisherigen Moralen waren nützlich, um der Gattung *zuerst* unbedingte Haltbarkeit zu geben: *wenn* diese erreicht ist, kann das Ziel höher genommen werden.
>
> Die *eine* Bewegung ist unbedingt: die Nivellirung der Menschheit, große Ameisen-Bauten usw. [...]
>
> Die *andere* Bewegung: meine Bewegung: ist umgekehrt die Verschärfung aller Gegensätze und Klüfte, Beseitigung der Gleichheit, das Schaffen Über-Mächtiger.
>
> *Jene* erzeugt den letzten Menschen. *Meine* Bewegung den Übermenschen.
>
> Es ist *durchaus* **nicht** das Ziel, die letzteren als die Herren der Ersteren aufzufassen: sondern: es sollen zwei Arten neben einander bestehen – möglichst getrennt; die eine wie *die epikurischen Götter, sich um die andere nicht kümmernd*. (KSA 10, 244)

Nietzsches Übermensch ist kein Herrenmensch.

Die Götter des griechischen Philosophen Epikur sind Vergleichsbild. Vielleicht ist es gut, sich von Nietzsche selbst den Epikur vorstellen zu lassen, der ihm vor Augen stand und in dessen Ruhe sich etwas von der Unerschütterlichkeit »seiner« Götter spiegelt:

> *Epikur*. [...] – ich sehe sein Auge auf ein weites weissliches Meer blicken, über Uferfelsen hin, auf denen die Sonne liegt, während grosses und kleines Gethier in ihrem Lichte spielt, sicher und ruhig wie diess Licht und jenes Auge selber. Solch ein Glück hat nur ein fortwährend Leidender erfinden können, das Glück

> eines Auges, vor dem das Meer des Daseins stille geworden ist, und das nun an seiner Oberfläche und an dieser bunten, zarten, schaudernden Meeres-Haut sich nicht mehr satt sehen kann: es gab nie zuvor eine solche Bescheidenheit der Wollust. (KSA 3, 411)

Die Götter denkt Epikur als Wesen vollendeter Unerschütterlichkeit, ataraxía. Diese ist auch Ziel seiner philosophischen Selbsterlösung. Ihre Unerschütterlichkeit besteht unter anderem darin, »losgelöst« von allem sich selbst zu genügen. Menschliches geht diese Götter nichts mehr an.

Das Bild für den Übermenschen ist eines der Machtvollkommenheit, die sich in Selbstbestimmung und Selbständigkeit, in Autonomie und Autarkie äußert.

Wie Nietzsche in dem kurzen Portrait Epikurs dessen Glück aus einem »fortwährend[en]« Leiden entsprungen sieht, so zeichnet er als Hintergrund, vor dem der Übermensch zu sehen ist, seine langwährende Beschäftigung mit dem Pessimismus.

> Wer, gleich mir, mit irgend einer räthselhaften Begierde sich lange darum bemüht hat, den Pessimismus in die Tiefe zu denken [...], der hat vielleicht ebendamit, ohne dass er es eigentlich wollte, sich die Augen für das umgekehrte Ideal aufgemacht: für das Ideal des übermüthigsten lebendigsten und weltbejahendsten Menschen, der sich nicht nur mit dem, was war und ist, abgefunden und vertragen gelernt hat, sondern es, *so wie es war und ist*, wieder haben will, in alle Ewigkeit hinaus, unersättlich da capo rufend, nicht nur zu sich, sondern zum ganzen Stücke und Schauspiele, und nicht nur zu einem Schauspiele, sondern im Grunde zu Dem, der gerade dies Schauspiel nöthig hat – und nöthig macht: weil er immer wieder sich nöthig hat – und nöthig macht – Wie? Und dies wäre nicht – circulus vitiosus deus? (KSA 5, 74f.)

Zarathustras »Ekel« am Dasein ist auch Nietzsches Erfahrung. Der »Pessimismus«, von dem er berichtet, verwandelt sich in die »große Traurigkeit«, die in *Zarathustra* durch den Wahrsager beklagt wird:

›– und ich sahe eine grosse Traurigkeit über die Menschen kommen. Die Besten wurden ihrer Werke müde.

Eine Lehre ergieng, ein Glauben lief neben ihr: ›Alles ist leer, Alles ist gleich, Alles war!‹

Und von allen Hügeln klang es wieder: ›Alles ist leer, Alles ist gleich, Alles war!‹

[…]

Umsonst war alle Arbeit, Gift ist unser Wein geworden, böser Blick sengte unsere Felder und Herzen gelb.

Trocken wurden wir Alle; und fällt Feuer auf uns, so stäuben wir der Asche gleich: – ja das Feuer selber machten wir müde.

Alle Brunnen versiegten uns, auch das Meer wich zurück. Aller Grund will reissen, aber die Tiefe will nicht schlingen!

›Ach, wo ist noch ein Meer, in dem man ertrinken könnte‹: so klingt unsre Klage – hinweg über flache Sümpfe.

Wahrlich, zum Sterben wurden wir schon zu müde; nun wachen wir noch und leben fort – in Grabkammern!‹– (Z, Der Wahrsager, 172)

Das Gedankenspiel einer ewigen Wiederkunft des Gleichen wirkt in diesem Sinne als eine Verschärfung der Frage. Eine Erlösung durch Fortschritt kommt darin ebensowenig in Betracht, wie der Weg ins Nichts offensteht: Im Falle einer ewigen Wiederkunft des Gleichen würde alles so wiederkehren, wie es ist.

Das »Ideal des übermüthigsten lebendigsten und weltbejahendsten Menschen« steht vor diesem Hintergrund. Er macht sich selbst zum notwendigen Sinn seines Daseins; seine Selbstvervollkommnung wird gleichzeitig zum Sinn alles übrigen. Sie findet ihren

Abschluß im »spiel's noch einmal ...«, dem »da capo«, das die Vollkommenheit sich selbst zuruft. Der Übermensch wird so zum Gegenmittel gegen den Pessimismus im kleinen und selbst gegen den »großen Ekel«.

Die konkrete Beschreibung des Übermenschen fällt eher dürftig aus. Es ist seine Rolle, die in *Zarathustra* beschrieben wird. Er ist einerseits eine Perspektive, unter welcher der vorhandene Mensch sich selbst anders sehen lernt: als einen Übergang, der es rechtfertigt, sich nicht zu schwer zu nehmen – »stecke Dir selber Ziele, *hohe* und *edle Ziele* und gehe an ihnen zu Grunde!« (KSA 7, 651) notiert Nietzsche schon 1873. Der Übermensch stellt sich andererseits als Aufgabe dar, den Sinn des Daseins nicht nach außerhalb oder jenseits zu verlegen; er ist die Forderung nach Immanenz.

> *Ich lehre Euch den Übermenschen.* Der Mensch ist Etwas, das überwunden werden soll. Was habt ihr gethan, ihn zu überwinden?
>
> Alle Wesen bisher schufen Etwas über sich hinaus: und ihr wollt die Ebbe dieser grossen Fluth sein und lieber noch zum Thiere zurückgehn, als den Menschen überwinden?
>
> Was ist der Affe für den Menschen? Ein Gelächter oder eine schmerzliche Scham. Und ebendas soll der Mensch für den Übermenschen sein: ein Gelächter oder eine schmerzliche Scham.
>
> Ihr habt den Weg vom Wurme zum Menschen gemacht, und Vieles ist in euch noch Wurm. Einst wart ihr Affen, und auch jetzt noch ist der Mensch mehr Affe, als irgend ein Affe.
>
> Wer aber der Weiseste von euch ist, der ist auch nur ein Zwiespalt und Zwitter von Pflanze und von Gespenst. Aber heisse ich euch zu Gespenstern oder Pflanzen werden?
>
> Seht, ich lehre euch den Übermenschen!

> Der Übermensch ist der Sinn der Erde. Euer Wille sage: der Übermensch sei der Sinn der Erde!
>
> Ich beschwöre euch, meine Brüder, *bleibt der Erde treu* und glaubt Denen nicht, welche euch von überirdischen Hoffnungen reden! Giftmischer sind es, ob sie es wissen oder nicht. (Z, Zarathustra's Vorrede, 14f.)

Der Übermensch ist vor allem aber dasjenige Lebewesen, dessen Dasein die Möglichkeit der ewigen Wiederkunft des Gleichen vor dem Hintergrund des verschärften Pessimismus erst erträglich macht. In Nietzsches Notizen zum Plan des Buches heißt es:

> Erst die Gesetzgebung. *Nach der Aussicht auf den Übermenschen* auf schauerliche Weise die Lehre der Wiederkunft: jetzt erträglich! (KSA 10, 482)

Weder sah sich Nietzsche selbst als einen solchen Übermenschen, noch ist es Zarathustra. Dieser stellt sich als dessen Ankündigung und Vorbereitung vor:

> Seht, ich bin ein Verkündiger des Blitzes und ein schwerer Tropfen aus der Wolke: dieser Blitz aber heisst Übermensch. – (Z, Zarathustra's Vorrede, 18)

Wille zur Macht

> 1. Wille zum Leben? Ich fand an seiner Stelle immer nur Wille zur Macht. (KSA 10, 187)

Der »Wille zur Macht« wurde zum Titel eines lange verfolgten Buchprojekts Nietzsches. Im August 1888 stellte er einen letzten inhaltlichen Plan für dieses Buch auf. Danach änderten sich Titel und Konzeption. Die *Götzendämmerung* als das erste Buch einer »Umwerthung aller Werthe« wurde stattdessen realisiert.

Elisabeth Förster-Nietzsche, die Schwester, ließ später aus dem Nachlaß das Buch »Der Wille zur Macht« zusammenstellen und als Hauptwerk Nietzsches herausgeben.

Früher Kritik daran folgte die Demontage: zunächst durch Karl Schlechta, dann fortgesetzt im Rahmen der editorischen Arbeit Mazzino Montinaris.

Der »Wille zur Macht« ist eines der Konzepte Nietzsches: ein wichtiges unter seinen gedanklichen Experimenten. Es gibt aber kein systematisches Hauptwerk – auch und gerade unter diesem Titel nicht.

> Wo ich Lebendiges fand, da fand ich Willen zur Macht; und noch im Willen des Dienenden fand ich den Willen, Herr zu sein.
>
> Dass dem Stärkeren diene das Schwächere, dazu überredet es sein Wille, der über noch Schwächeres Herr sein will: dieser Lust allein mag es nicht entrathen.
>
> Und wie das Kleinere sich dem Grösseren hingiebt, dass es Lust und Macht am Kleinsten habe: also giebt sich auch das Grösste noch hin und setzt um der Macht willen – das Leben dran. (Z, Von der Selbst-Ueberwindung, 147f.)

Dieser Abschnitt baut die eingangs zitierte Notiz Nietzsches aus. Zarathustra gibt mit dem Willen zur Macht eine Deutung des »Lebendigen«. Die Beobachtungen, die er gemacht haben will, widersprechen der Annahme, Lebendiges werde lediglich durch eine Art Selbsterhaltungstrieb motiviert. Schon das Maß der Selbstentäußerung oder Unterwerfung seitens der »Dienenden« übersteigt, so gesehen, das Überlebensnotwendige. Auf der anderen Seite findet sich bei den »Grössten«, welche viel zu verlieren haben, die – aus der Sicht einer Bestandserhaltung überflüssige –

Tendenz, um eines Zuwachses willen alles aufs Spiel zu setzen.

Der »Wille zur Macht« ist jedoch keine bloße Raffgier. Er äußert sich nicht nur auf politischem oder wirtschaftlichem Gebiet. Auch Denk- oder Erkenntnisstreben spiegelt den »Willen zur Macht« wieder. Es gehört zu einer »psychologischen« Auslegung des menschlichen Urteilens, Erkennens und Denkens, eine entsprechende Dynamik auch in diesem Falle am Werk zu sehen. Nietzsche erhebt in *Jenseits von Gut und Böse* den Anspruch darauf, die Psychologie mit seiner Sichtweise zu vertiefen:

> Die gesammte Psychologie ist bisher an moralischen Vorurtheilen und Befürchtungen hängen geblieben: sie hat sich nicht in die Tiefe gewagt. Dieselbe als Morphologie und *Entwicklungslehre des Willens zur Macht* zu fassen, wie ich sie fasse – daran hat noch Niemand in seinen Gedanken selbst gestreift: sofern es nämlich erlaubt ist, in dem, was bisher geschrieben wurde, ein Symptom von dem, was bisher verschwiegen wurde, zu erkennen. (KSA 5, 38)

Im *Zarathustra* sind es die »Weisesten«, deren »Willen zur Wahrheit« in diesem Sinne »psychologisch« demaskiert werden soll – als »Wille zur Macht«:

> ›Wille zur Wahrheit‹, heisst ihr's, ihr Weisesten, was euch treibt und brünstig macht?
>
> Wille zur Denkbarkeit alles Seienden: also heisse *ich* euren Willen!
>
> Alles Seiende wollt ihr erst denkbar *machen*: denn ihr zweifelt mit gutem Misstrauen, ob es schon denkbar ist.
>
> Aber es soll sich euch fügen und biegen! So will's euer Wille. Glatt soll es werden und dem Geiste unterthan, als sein Spiegel und Widerbild.

Das ist euer ganzer Wille, ihr Weisesten, als ein Wille zur Macht; und auch wenn ihr vom Guten und Bösen redet und von den Werthschätzungen.

[...].

Euren Willen und eure Werthe setztet ihr auf den Fluss des Werdens; einen alten Willen zur Macht verräth mir, was vom Volke als gut und böse geglaubt wird.

[...].

Weiter trägt nun der Fluss euren Nachen: er *muss* ihn tragen. Wenig thut's, ob die gebrochene Welle schäumt und zornig dem Kiele widerspricht!

Nicht der Fluss ist eure Gefahr und das Ende eures Guten und Bösen, ihr Weisesten: sondern jener Wille selber, der Wille zur Macht, – der unerschöpfte zeugende Lebens-Wille. (Z, Von der Selbst-Ueberwindung, 146f.)

Die »Weisesten« treten in einer Doppelrolle auf: als Denkende und als Wertesetzer. Aspekte, die im Rahmen der Facetten Zarathustras – speziell des Schaffenden und des Wahrhaftigen – schon angesprochen wurden, lassen sich leicht assoziieren:

Falls ein Setzen von Perspektiven unvermeidlich zum Dasein gehört, wird der Versuch des Denkens, alles systematisch auf einen Begriff zu bringen, zum Akt einer mächtigen Perspektivensetzung. Unter dieser Perspektive einer universellen Denkbarkeit bemächtigten sich Menschen des »Seienden«. Was sich nicht oder unvollkommen in Begriffe fassen läßt, wird dabei unterdrückt.

Daß ein Aufstellen neuer Wertungen mit einem massiven Eingriff in das Bestehende verbunden sein kann und damit Ausüben von Macht ist, betont Nietzsche, indem er die Setzer neuer Werte sogar als die eigentlich »Schaffenden« bezeichnet.

Deren Wertsetzungen gelten nicht für immer: »Gutes und Böses, das unvergänglich wäre – das giebt es nicht! Aus sich selber muss es sich immer wieder überwinden.« (Z, Von der Selbst-Ueberwindung, 149). Schon oben wurde darauf hingewiesen, daß nach dieser Formulierung eine innere Dynamik immer wieder zum Bruch alter und zur gleichzeitigen Setzung neuer Werte drängt. Es ist kein äußerlicher »Fluss des Werdens«, der die Gründungen der Weisesten auflöst. Dieselbe Motivation, dieselbe treibende Kraft, welche jene antrieb, vernichtet durch erneute Umwertungen das Bestehende auch wieder. Nietzsches Name für diese Dynamik ist: »Wille zur Macht«.

Auffällig ist hieran, daß auch diejenigen, die Macht ausüben, selbst noch dieser Dynamik unterworfen sind. Dies ist nicht bloß äußerlich. Die Rede ist von einer zur inneren Verfassung des Lebens selbst gehörigen Dynamik.

> Dem Lebendigen gieng ich nach, ich gieng die grössten und die kleinsten Wege, dass ich seine Art erkenne.
>
> [...].
>
> Aber, wo ich nur Lebendiges fand, da hörte ich auch die Rede vom Gehorsame. Alles Lebendige ist ein Gehorchendes.
>
> Und diess ist das Zweite: Dem wird befohlen, der sich nicht selber gehorchen kann. So ist es des Lebendigen Art.
>
> Diess aber ist das Dritte, was ich hörte: dass Befehlen schwerer ist, als Gehorchen. Und nicht nur, dass der Befehlende die Last aller Gehorchenden trägt, und dass leicht ihn diese Last zerdrückt: –
>
> Ein Versuch und Wagniss erschien mir in allem Befehlen; und stets, wenn es befiehlt, wagt das Lebendige sich selber dran.
>
> Ja noch, wenn es sich selber befiehlt: auch da noch muss es sein Befehlen büssen. Seinem eignen Gesetze muss es Richter und Rächer und Opfer werden. (ebd., 147)

»Alles Lebendige ist ein Gehorchendes« – es gehorcht der Dynamik des »Willens zur Macht«, die seine innere Verfassung ist. Die Textstelle beschreibt die zwei Möglichkeiten dieses Gehorchens: Lebendiges kann dieser Dynamik durch andere unterworfen werden, wenn es nicht dazu in der Lage ist, selbst Macht auszuüben. Übt es stattdessen selbst Macht aus, so bleibt es innerlich dem »Willen zur Macht« unterworfen. Er wird zur Motivation, die bestehende Machtfülle – also die bloße Möglichkeit des Gestaltens und Befehlens – zu nutzen und so um neuer Macht willen zu riskieren.

Befehlen zu können, selbst Macht auszuüben, beinhaltet zuletzt die Möglichkeit, nicht nur anderen, sondern sich selbst zu befehlen. Das »Pathos der Distanz«, das sich bis zur Selbstdistanzierung entwickeln kann, kehrt hier in neuer Formulierung wieder.

In denen, die sich selbst befehlen und sich damit immer wieder selbst riskieren, läßt der Wille zur Macht erstmalig Selbstbestimmung und Selbständigkeit zu: Seine Dynamik entfaltet sich in einem einzelnen Wesen, das sich selbst befiehlt und gehorcht und darin autonom und autark ist. So gesehen erweist sich die Dynamik des »Willens zur Macht« als »Selbstüberwindung«.

Nietzsche läßt das Leben selbst sprechen: es verrät sein Geheimnis an Zarathustra. Dieses Geheimnis besteht darin, daß es – ganz im Sinne seiner Verfassung, des »Willens zur Macht« – Selbstüberwindung ist.

Und diess Geheimniss redete das Leben selber zu mir. ›Siehe, sprach es, ich bin das, *was sich immer selber überwinden muss.*

›Freilich, ihr heisst es Wille zur Zeugung oder Trieb zum Zwecke, zum Höheren, Ferneren, Vielfacheren: aber all diess ist Eins und Ein Geheimniss.

›Lieber noch gehe ich unter, als dass ich diesem Einen absagte; und wahrlich, wo es Untergang giebt und

Blätterfallen, siehe, da opfert sich Leben – um Macht! […].

›Der traf freilich die Wahrheit nicht, der das Wort nach ihr schoss vom ›Willen zum Dasein‹: diesen Willen – giebt es nicht!

›Denn: was nicht ist, das kann nicht wollen; was aber im Dasein ist, wie könnte das noch zum Dasein wollen!

›Nur, wo Leben ist, da ist auch Wille: aber nicht Wille zum Leben, sondern – so lehre ich's dich – Wille zur Macht!

›Vieles ist dem Lebenden höher geschätzt, als Leben selber; doch aus dem Schätzen selber heraus redet – der Wille zur Macht!‹ –

Also lehrte mich einst das Leben: und daraus löse ich euch, ihr Weisesten, noch das Räthsel eures Herzens. (ebd., 148f.)

Es sieht so aus, als würden hier die letzten Geheimnisse des Lebens geklärt. Auch Nietzsche war offenbar einige Zeit lang versucht zu glauben, daß er hiermit einen neuen Schlüssel zu einer erschöpfenden philosophischen Klärung des Daseins in den Händen hielt. Aber er verwarf das Konzept dafür, diesen Einfall systematisch auszubauen. Es gibt keine Vervollständigung seiner Überlegungen zu einer »Willensmetaphysik«. Eine entsprechende vereinheitlichende Interpretation seiner Texte zu geben würde bedeuten, den experimentellen Charakter dieser Äußerungen zu überlesen.

Tatsächlich finden sich Ansätze, die Dynamik des »Willens zur Macht« auch als wirkendes Prinzip nicht nur des Lebens, sondern des Seienden überhaupt anzusetzen.

Typischerweise spielt jedoch die Formulierung, die Nietzsche in *Jenseits von Gut und Böse* wählt, die Überlegung zu einer Hypothese herunter. Die Aussagen sind eingerahmt von einer nicht bloß rhetorischen Frage, die vorsichtiger nicht sein könnte: »Gesetzt, dass […]-: ist es nicht erlaubt, den Versuch zu machen […]?«:

> Gesetzt, dass nichts Anderes als real ›gegeben‹ ist als unsre Welt der Begierden und Leidenschaften, dass wir zu keiner anderen ›Realität‹ hinab oder hinauf können als gerade zur Realität unserer Triebe – denn Denken ist nur ein Verhalten dieser Triebe zu einander –: ist es nicht erlaubt, den Versuch zu machen und die Frage zu fragen, ob dies Gegeben nicht *ausreicht*, um aus Seines-Gleichen auch die sogenannte mechanistische (oder ›materielle‹) Welt zu verstehen?
>
> […] Die Frage ist zuletzt, ob wir den Willen wirklich als *wirkend* anerkennen, ob wir an die Causalität des Willens glauben: thun wir das – und im Grunde ist der Glaube *daran* eben unser Glaube an die Causalität selbst –, so *müssen* wir den Versuch machen, die Willens-Causalität hypothetisch als die einzige zu setzen. […]
>
> – Gesetzt endlich, dass es gelänge, unser gesammtes Triebleben als die Ausgestaltung und Verzweigung Einer Grundform des Willens zu erklären – nämlich des Willens zur Macht, wie es *mein* Satz ist –; gesetzt, dass man alle organischen Funktionen auf diesen Willen zur Macht zurückführen könnte und in ihm auch die Lösung des Problems der Zeugung und Ernährung – es ist Ein Problem – fände, so hätte man damit sich das Recht verschafft, *alle* wirkende Kraft eindeutig zu bestimmen als: *Wille zur Macht*. Die Welt von innen gesehen, die Welt auf ihren ›intelligiblen Charakter‹ hin bestimmt und bezeichnet – sie wäre eben ›Wille zur Macht‹ und nichts ausserdem.– (KSA 5, 54f.)

Der Wille zur Macht blieb einer der vielen Denkversuche Nietzsches.

Nicht zu leugnen ist, daß das Konzept des »Willens zur Macht« in engem Zusammenhang mit Zarathustras Bild des Übermenschen und sogar mit dem Typus Zarathustra selbst steht. Schon die Verbindung von

Selbstüberwindung und Selbstdistanzierung macht dies deutlich.

Darüber hinaus gibt Zarathustra eine Entstehungsgeschichte der »grossen Traurigkeit«, des Pessimismus, in Anwendung des Konzepts vom »Willen zur Macht« und bestimmt in ihr die Rolle des Übermenschen.

> Wollen befreit: aber wie heisst Das, was auch den Befreier noch in Ketten schlägt?
>
> ›Es war‹: also heisst des Willens Zähneknirschen und einsamste Trübsal. Ohnmächtig gegen Das, was gethan ist – ist er allem Vergangenen ein böser Zuschauer.
>
> […].
>
> Also wurde der Wille, der Befreier, ein Wehethäter: und an Allem, was leiden kann, nimmt er Rache dafür, dass er nicht zurück kann.
>
> Diess, ja diess allein ist *Rache* selber: des Willens Widerwille gegen die Zeit und ihr ›Es war.‹
>
> Wahrlich, eine grosse Narrheit wohnt in unserm Willen; und zum Fluche wurde es allem Menschlichen, dass diese Narrheit Geist lernte!
>
> *Der Geist der Rache:* meine Freunde, das war bisher der Menschen bestes Nachdenken; und wo Leid war, da sollte immer Strafe sein.
>
> […]. Und nun wälzte sich Wolke auf Wolke über den Geist: bis endlich der Wahnsinn predigte: ›Alles vergeht, darum ist Alles werth zu vergehn!‹
>
> […].
>
> ›Keine That kann vernichtet werden: wie könnte sie durch die Strafe ungethan werden! Diess, diess ist das Ewige an der Strafe ›Dasein‹, dass das Dasein auch ewig wieder That und Schuld sein muss!
>
> ›Es sei denn, dass der Wille endlich sich selber erlöste und Wollen zu Nicht-Wollen würde –‹: doch ihr kennt, meine Brüder, diess Fabellied des Wahnsinns! (Z, Von der Erlösung, 179ff.)

Diese Begründung für den Pessimismus könnte kaum abstrakter sein. Nietzsche kombiniert das Konzept des »Willens zur Macht« mit einem Begriff seiner »psychologischen« Überlegungen zur Moral: dem des »Ressentiment«. Das »Ressentiment« entsteht als das Produkt »solcher Wesen, denen die eigentliche Reaktion, die der That versagt ist, die sich nur durch eine imaginäre Rache schadlos halten« (KSA 5, 270). Nietzsche beschreibt es als die Reaktion eines Verletztseins, welches lediglich darauf aus ist, mit seinen – geringen – Mitteln selber wieder zu verletzen.

Aus der sehr allgemeinen Perspektive, die Nietzsche Zarathustra hier einnehmen läßt, stellt sich der Pessimismus als ein universelles Ressentiment dar. Der »Wille zur Macht« selbst entwickelt es angesichts der Vergangenheit, gegenüber der er ohnmächtig ist. »Also wurde der Wille, der Befreier, ein Wehethäter: und an allem, was leiden kann, nimmt er Rache dafür, dass er nicht zurück kann.«

Aus der Dynamik alles Lebendigen, in der sich der »Wille zur Macht« entfaltet, wird erst das Leiden an der unabänderlichen – schlechten – Vergangenheit und dann die »grosse Traurigkeit« über das Leben selbst. Sie ist jene Verletzung, mit der sich das Ressentiment des »Willens zur Macht« am Leben für die Zeit rächt.

Die *eine* Selbsterlösung des Willens – die Lösung des »Wahnsinns« – führt ins Nichts: »›Es sei denn, dass der Wille endlich sich selber erlöste und Wollen zu Nicht-Wollen würde –‹: doch ihr kennt, meine Brüder, diess Fabellied des Wahnsinns!«

Der Sinn dieser großangelegten Deutung der »grossen Traurigkeit« ist jedoch nicht die philosophische Erklärung des Geschehens, sondern ist es, eine alternative Therapiemöglichkeit aufzuzeigen. Der Ansatz macht deutlich, inwiefern der Übermensch imstande ist, den Knoten zu lösen.

Weg führte ich euch von diesen Fabelliedern, als ich euch lehrte: ›der Wille ist ein Schaffender.‹

Alles ›Es war‹ ist ein Bruchstück, ein Räthsel, ein grauser Zufall – bis der schaffende Wille dazu sagt: ›aber so wollte ich es!‹

– Bis der schaffende Wille dazu sagt: ›Aber so will ich es! So werde ich's wollen!‹

Aber sprach er schon so? Und wann geschieht diess? Ist der Wille schon abgeschirrt von seiner eignen Thorheit?

Wurde der Wille sich selber schon Erlöser und Freudebringer? Verlernte er den Geist der Rache und alles Zähneknirschen?

Und wer lehrte ihn Versöhnung mit der Zeit, und Höheres als alle Versöhnung ist?

Höheres als alle Versöhnung muss der Wille wollen, welcher der Wille zur Macht ist –: doch wie geschieht ihm das? Wer lehrte ihn auch noch das Zurückwollen?‹ (Z, Von der Erlösung, 181)

Die »Erlösung« des Willens ist keine »Versöhnung«; es könnte stattdessen die »Selbstüberwindung« derjenigen sein, die sich durch die eigene Selbstdistanzierung befehlen können und sich dadurch immer wieder selbst notwendig machen. Sie eignen sich die Vergangenheit an – »aber so wollte ich's«. Indem sie sich selbst notwendig machen, wird ihre Vergangenheit unentbehrlich.

Die Möglichkeit einer »Versöhnung mit der Zeit« ist durch den von Zarathustra skizzierten Ansatz noch nicht vollständig gezeigt. Lediglich die Rolle des Übermenschen dabei wird angedeutet. Am Ende steht die Frage, wie das Problem, das die Struktur der vergehenden Zeit aufwirft, zu lösen sei.

– Aber an dieser Stelle seiner Rede geschah es, dass Zarathustra plötzlich innehielt und ganz einem Solchen gleich sah, der auf das Äusserste erschrickt. Mit erschrecktem Auge blickte er auf seine Jünger; sein Auge durchbohrte wie mit Pfeilen ihre Gedanken und Hintergedanken. [...] (ebd., 181f.)

In Zarathustras Erschrecken spiegelt sich die Furcht, zuviel verraten zu haben. Die Jünger könnten erraten, daß die Fragen auf den Gedanken der »Ewigen Wiederkunft des Gleichen« führen.

Es gehört zur »Dramaturgie« des *Zarathustra*, diesen Gedanken, der für Nietzsche selbst das erschütterndste seiner Gedankenexperimente war, bis zum dritten Buch aufzuheben. Deutlich wird dadurch, daß Nietzsche diesen Gedanken für ein Risiko hielt.

Ewige Wiederkehr des Gleichen

> Denn deine Thiere wissen es wohl, oh Zarathustra, wer du bist und werden musst: siehe, *du bist der Lehrer der ewigen Wiederkunft* –, das ist nun *dein* Schicksal! (Z, Der Genesende, 275)

Die sogenannte Lehre von der »ewigen Wiederkunft« ist mehr als nur eine der vielen Äußerungen Zarathustras. Sie ist zentral für das Buch und für den Typus Zarathustra; zentral jedoch nicht im Sinne eines philosophischen Systems – »Alle philosophischen Systeme sind *überwunden*; [...]« notiert sich Nietzsche 1884 (KSA 11, 159). Ein Großteil der Gedankenbilder, die im *Zarathustra* gezeichnet werden, bezieht sich jedoch inhaltlich und über anspielende Verweise auf dieses Zentrum.

Vielleicht ist eine umgekehrte Sichtweise sogar angemessener: der »Ewige-Wiederkunfts-Gedanke« ist die Keimzelle des Buches. Nietzsche leitet seinen

Kommentar zum *Zarathustra* in *Ecce homo* mit einer entsprechenden Stellungnahme ein:

> Ich erzähle nunmehr die Geschichte des Zarathustra. Die Grundconception des Werks, der *Ewige-Wiederkunfts-Gedanke*, diese höchste Formel der Bejahung, die überhaupt erreicht werden kann –, gehört in den August des Jahres 1881: er ist auf ein Blatt hingeworfen, mit der Unterschrift: ›6000 Fuss jenseits von Mensch und Zeit‹. Ich gieng an jenem Tage am See von Silvaplana durch die Wälder; bei einem mächtigen pyramidal aufgethürmten Block unweit Surlei machte ich Halt. Da kam mir dieser Gedanke. – [...] (KSA 6, 335)

Die Notiz, auf welche er anspielt, liegt im Nachlaß vor. Es ist bereits der Versuch, sich Klarheit darüber zu verschaffen, wie mit dem neuen Gedanken umzugehen sei:

> *Die Wiederkunft des Gleichen.*
> Entwurf.
> 1. Die Einverleibung der Grundirrthümer.
> 2. Die Einverleibung der Leidenschaften.
> 3. Die Einverleibung des Wissens und des verzichtenden Wissens. (Leidenschaft der Erkenntniss)
> 4. Der Unschuldige. Der Einzelne als Experiment. Die Erleichterung des Lebens, Erniedrigung, Abschwächung – Übergang.
> 5. Das neue *Schwergewicht: die ewige Wiederkunft des Gleichen*. Unendliche Wichtigkeit unseres Wissen's, Irren's, unsrer Gewohnheiten, Lebensweisen für alles Kommende. Was machen wir mit dem Reste unseres Lebens – wir, die wir den grössten Theil desselben in der wesentlichsten Unwissenheit verbracht haben? Wir *lehren die Lehre* – es ist das stärkste Mittel, sie uns selber *einzuverleiben*. Unsre Art Seligkeit, als Lehrer der grössten Lehre.

> Anfang August 1881 in Sils-Maria,
> 6000 Fuss über dem Meere und viel höher über allen menschlichen Dingen! –
> (KSA 9, 494)

Der Skizze ist anzumerken, daß Nietzsche sich von diesem »neuen Schwergewicht« überwältigt sah. In »der wesentlichsten Unwissenheit verbracht«: so qualifiziert er das Leben vor diesem Gedanken. Danach steht der Versuch an, die Bewährung dieser »Lehre« im Leben zu testen.

Der Entwurf gibt nur wenige Anhaltspunkte für eine Interpretation. Nietzsche macht allerdings eine lange Anmerkung »Zu 4)«. Zunächst stellt er darin als Konsequenz eine gelassene Gleichgültigkeit gegenüber Früherem fest:

> Was früher am stärksten reizte, wirkt jetzt ganz anders, es wird nur noch als *Spiel* angesehn und gelten gelassen […], wir stellen uns wie die Kinder zu dem, was früher den *Ernst des Daseins* ausmachte. (ebd.)

Ein Perspektivenwechsel ist eingetreten. Ernst bleibt Nietzsche weiterhin die Erkenntnis, die Stellung des Erkennenden zum Dasein:

> Unser Streben des Ernstes ist aber alles als werdend zu verstehen, uns als Individuum zu verleugnen, möglichst aus *vielen* Augen in die Welt sehen, *leben* in Trieben und Beschäftigungen, **um** damit sich Augen zu machen, *zeitweilig* sich dem Leben überlassen, um hernach zeitweilig über ihm mit dem Auge zu ruhen: die Triebe *unterhalten* als Fundament alles Erkennens, aber wissen, wo sie Gegner des Erkennens werden: in summa **abwarten**, wie weit das *Wissen* und die *Wahrheit* sich **einverleiben** können – und inwiefern eine Umwandlung des Menschen eintritt, wenn er endlich nur noch lebt, *um zu erkennen*. – (ebd., 494f.)

Nietzsches Leidenschaft der Erkenntnis, die auch ein Leiden war, spricht aus den Zeilen: ein Interesse an den vielen möglichen Perspektiven. Die Frage nach der Bekömmlichkeit der Wahrheit erhebt sich.

Fraglich ist, wie sich die neuen Perspektiven auswirken. Die »Abgründigkeit« der neuen Einsicht zeichnet sich ab:

> Nun kommt aber die schwerste Erkenntniß und macht alle Arten Lebens furchtbar bedenkenreich: ein absoluter Überschuß von Lust **muß** nachzuweisen sein, sonst ist die Vernichtung unser selbst in Hinsicht auf die Menschheit als Mittel der Vernichtung der Menschheit zu wählen. Schon dies: wir haben die Vergangenheit, unsere und die aller Menschheit, auf die Wage zu setzen und *auch* zu überwiegen – nein! dieses Stück Menschheitsgeschichte *wird* und muß sich ewig wiederholen, *das* dürfen wir aus der Rechnung lassen, darauf haben wir keinen Einfluß: ob es gleich unser Mitgefühl beschwert und gegen das Leben überhaupt einnimmt. Um davon nicht umgeworfen zu werden, darf unser Mitleid nicht groß sein. Die Gleichgültigkeit muß tief in uns gewirkt haben und der Genuß im Anschauen auch. Auch das Elend der zukünftigen Menschheit soll uns *nichts* angehn. Aber ob *wir* noch *leben wollen*, ist die Frage: und wie! (ebd., 495)

Der Gedankengang überschlägt sich zu einer Schicksalsfrage und kehrt dann doch wieder zu einer sehr persönlichen Frage an sich selbst zurück. Der Versuch, den Gedanken einer ewigen Wiederkunft ernstzunehmen, nimmt »gegen das Leben überhaupt« ein. Das Leiden am Dasein vertieft sich. Ob und wie sich angesichts dieser Perspektive noch leben läßt, ist die Frage. Gleichgültigkeit und ästhetischer Genuß werden sich hier als nicht ausreichend erweisen.

Nietzsches erste Äußerung des Gedankens in der *Fröhlichen Wissenschaft* greift die Formulierung vom »grössten Schwergewicht« wieder auf.

Trotz allem macht sich der Gedanke dort leicht: Die ewige Wiederkehr wird nicht dogmatisch als neue Weisheit verkündet, sondern als Frage und Hypothese.

> *Das grösste Schwergewicht.* – Wie, wenn dir eines Tages oder Nachts, ein Dämon in deine einsamste Einsamkeit nachschliche und dir sagte: ›Dieses Leben, wie du es jetzt lebst und gelebt hast, wirst du noch einmal und noch unzählige Male leben müssen; und es wird nichts Neues daran sein, sondern jeder Schmerz und jede Lust und jeder Gedanke und Seufzer und alles unsäglich Kleine und Grosse deines Lebens muss dir wiederkommen, und Alles in der selben Reihe und Folge – und ebenso diese Spinne und dieses Mondlicht zwischen den Bäumen, und ebenso dieser Augenblick und ich selber. Die ewige Sanduhr des Daseins wird immer wieder umgedreht – und du mit ihr, Stäubchen vom Staube!‹ – Würdest du dich nicht niederwerfen und mit den Zähnen knirschen und den Dämon verfluchen, der so redete? Oder hast du einmal einen ungeheuren Augenblick erlebt, wo du ihm antworten würdest: ›du bist ein Gott und nie hörte ich Göttlicheres!‹ Wenn jener Gedanke über dich Gewalt bekäme, er würde dich, wie du bist, verwandeln und vielleicht zermalmen; die Frage bei Allem und Jedem ›willst du diess noch einmal und noch unzählige Male?‹ würde als das grösste Schwergewicht auf deinem Handeln liegen! Oder wie müsstest du dir selber und dem Leben gut werden, um nach Nichts *mehr zu verlangen*, als nach dieser letzten ewigen Bestätigung und Besiegelung? – (KSA 3, 570)

»Diess Leben – dein ewiges Leben!« (KSA 9, 513) – keine Seelenwanderungslehre wird aufgestellt, keine mögliche Erinnerung an ein früheres Leben heraufbeschworen, die Betonung liegt nicht auf geschichtsphilosophischer Spekulation.

Es geht um ein radikal diesseitiges Leben, sogar um diesen »Augenblick«. Sein Anblick unter der möglichen Annahme, daß er für immer so ist, immer wieder so werden wird und immer schon einmal so war, wird zum größten Schwergewicht.

Der »tolle Mensch« zeichnet das Bild der Schwerelosigkeit für das Fehlen jeder Daseins- und Handlungsorientierung nach dem »Tode Gottes«.

> Was thaten wir, als wir diese Erde von ihrer Sonne losketteten? Wohin bewegt sie sich nun? Wohin bewegen wir uns? Fort von allen Sonnen? Stürzen wir nicht fortwährend? Und rückwärts, seitwärts, vorwärts, nach allen Seiten? Giebt es noch ein Oben und ein Unten? Irren wir nicht wie durch ein unendliches Nichts? (KSA 3, 481)

Das »größte Schwergewicht« ersetzt das fehlende Gravitationszentrum nicht durch ein neues, das jenseits des Daseins liegt. Die Möglichkeit einer transzendenten Perspektive besteht nach wie vor nicht. Dasein und Augenblick werden nicht überschritten, sondern im Gegenteil vertieft, verewigt.

Dennoch kann die neue Perspektive Schwerkraft und Orientierung entfalten, kann als Schwergewicht auf dem Handeln liegen. Die Orientierung erfolgt nicht an einer äußeren Weisung, also nicht heteronom.

Stattdessen wird die Perspektive wirksam, indem sie ein Problem verschärft: die Erträglichkeit des eigenen Anblicks. Angesichts eines Ekels und Überdrusses am eigenen Leben und dem Dasein allgemein würde der Gedanke *»Diess Leben – dein ewiges Leben!«* unerträglich.

Das Experiment seiner »Einverleibung« ist die Suche nach einer Lebensform, welche diese Perspektive aushält.

Nietzsche selbst fühlte sich seinem Gedanken nicht gewachsen – »Ich will das Leben nicht *wieder* [...]« (KSA 10, 137). Er vermerkt die Gefährdung, die von dieser Sichtweise ausgeht. Deutlich wird, daß allein die Möglichkeit einer entsprechenden Perspektive schon ihre Wirksamkeit entfalten kann:

> Prüfen wir, wie der *Gedanke*, daß sich *etwas wiederholt*, bis jetzt gewirkt hat (das Jahr z.B. oder periodische Krankheiten, Wachen und Schlafen usw.) Wenn die Kreis-Wiederholung auch nur eine Wahrscheinlichkeit oder Möglichkeit ist, auch der *Gedanke einer Möglichkeit* kann uns erschüttern und umgestalten, nicht nur Empfindungen oder bestimmte Erwartungen! Wie hat die *Möglichkeit* der ewigen Verdammniß gewirkt! (KSA 9, 523f.)

Zarathustra verschweigt den Gedanken lange. Nietzsche gestaltet sein Zögern vor der bedenklichen Mitteilung. Er stellt die Aussicht auf den Übermenschen, den Abschnitt von der möglichen »Erlösung« der »grossen Traurigkeit« vor die Äußerungen zur »ewigen Wiederkunft des Gleichen«.

> Erst die Gesetzgebung. *Nach der Aussicht auf den Übermenschen* auf schauerliche Weise die Lehre der Wiederkunft: jetzt erträglich! (KSA 10, 482)

Zarathustra spricht nur in Form eines Rätsels und außerdem zu einem ausgewählten Personenkreis, dem er zutraut, berufsbedingt der Zumutung gewachsen zu sein:

> Euch, den kühnen Suchern, Versuchern, und wer je sich mit listigen Segeln auf furchtbare Meere einschiffte, – [...]

euch allein erzähle ich das Räthsel, das ich *sah*, – das Gesicht des Einsamsten. –

[...]

Stumm über höhnischem Geklirr von Kieseln schreitend, den Stein zertretend, der ihn gleiten liess: also zwang mein Fuss sich aufwärts.

Aufwärts: – dem Geiste zum Trotz, der ihn abwärts zog, abgrundwärts zog, dem Geiste der Schwere, meinem Teufel und Erzfeinde.

Aufwärts: – obwohl er auf mir sass, halb Zwerg, halb Maulwurf; lahm; lähmend; Blei durch mein Ohr, Bleitropfen-Gedanken in mein Hirn träufelnd.

[...]

›Oh Zarathustra, du Stein der Weisheit, du Schleuderstein, du Stern-Zertrümmerer! Dich selber warfst du so hoch, – aber jeder geworfene Stein – muss fallen! [...]

Aber es giebt Etwas in mir, das ich Muth heisse: das schlug bisher mir jeden Unmuth todt. Dieser Muth hiess mich endlich stille stehn und sprechen: ›Zwerg! Du! Oder ich!‹ – [...].

Muth aber ist der beste Todtschläger, Muth, der angreift: der schlägt noch den Tod todt, denn er spricht: ›War das *das* Leben? Wohlan! Noch Ein Mal!‹

In solchem Spruche aber ist viel klingendes Spiel. Wer Ohren hat, der höre. –

(Z, Von Gesicht und Räthsel, 197ff.)

Zarathustras Aufstieg wird zum Sieg über den »Geist der Schwere«. Letzterer steht der Dynamik einer Selbstüberwindung und Steigerung entgegen – »aber jeder geworfene Stein – muss fallen!« Die Überwindung des »grossen Ekels« macht Zarathustras Überlegenheit über den »Geist der Schwere« aus. Er hat die bessere Kondition: seine bejahende Haltung nämlich, aus der heraus es ihm möglich ist, selbst die Wiederholung dieses Lebens zu wünschen.

Die Wirksamkeit des Gedankens wird skizziert. Er zeigt seine – abgründliche – Kehrseite.

›Halt! Zwerg! sprach ich. Ich! Oder du! Ich aber bin der Stärkere von uns Beiden –: du kennst meinen abgründlichen Gedanken nicht! *Den* – könntest du nicht tragen! ‹–

Da geschah, was mich leichter machte: denn der Zwerg sprang mir von der Schulter, der Neugierige! Und er hockte sich auf einen Stein vor mich hin. Es war aber gerade da ein Thorweg, wo wir hielten.

›Siehe diesen Thorweg! Zwerg! sprach ich weiter: der hat zwei Gesichter. Zwei Wege kommen hier zusammen: die gieng noch Niemand zu Ende.

Diese lange Gasse zurück: die währt eine Ewigkeit. Und jene lange Gasse hinaus – das ist eine andre Ewigkeit.

Sie widersprechen sich, diese Wege; sie stossen sich gerade vor den Kopf: – und hier, an diesem Thorwege, ist es, wo sie zusammenkommen. Der Name des Thorwegs steht oben geschrieben: ›Augenblick‹.

Aber wer Einen von ihnen weiter gienge – und immer weiter und immer ferner: glaubst Du, Zwerg, dass diese Wege sich ewig widersprechen?‹ –

›Alles Gerade lügt, murmelte verächtlich der Zwerg. Alle Wahrheit ist krumm, die Zeit selber ist ein Kreis.‹

›Du Geist der Schwere! sprach ich zürnend, mache dir es nicht zu leicht! Oder ich lasse dich hocken, wo du hockst, Lahmfuss, – und ich trug dich *hoch*!

Siehe, sprach ich weiter, diesen Augenblick! Von diesem Thorwege Augenblick läuft eine lange ewige Gasse *rückwärts*: hinter uns liegt eine Ewigkeit.

Muss nicht, was laufen *kann* von allen Dingen, schon einmal diese Gasse gelaufen sein? Muss nicht, was geschehen *kann* von allen Dingen, schon einmal geschehn, gethan, vorübergelaufen sein?

Und wenn Alles schon dagewesen ist: was hältst du Zwerg von diesem Augenblick? Muss auch dieser Thorweg nicht schon – dagewesen sein?

Und sind nicht solchermaassen fest alle Dinge verknotet, dass dieser Augenblick *alle* kommenden Dinge nach sich zieht? *Also* – sich selber noch?

Denn, was laufen *kann* von allen Dingen: auch in dieser langen Gasse *hinaus – muss* es einmal noch laufen! –

Und diese langsame Spinne, die im Mondscheine kriecht, und dieser Mondschein selber, und ich und du im Thorwege, zusammen flüsternd, von ewigen Dingen flüsternd – müssen wir nicht Alle schon dagewesen sein?

– und wiederkommen und in jener anderen Gasse laufen, hinaus, vor uns, in dieser langen schaurigen Gasse – müssen wir nicht ewig wiederkommen? –‹

Also redete ich, und immer leiser: denn ich fürchtete mich vor meinen eignen Gedanken und Hintergedanken. Da, plötzlich, hörte ich einen Hund nahe *heulen*. [...]. (ebd., 199ff.)

Wie in der *Fröhlichen Wissenschaft* sind die Fragen entscheidend. Auffällig offen bleibt, ob und wie sich der Kreis schließt: – »glaubst Du, [...] dass diese Wege sich ewig widersprechen?«

Der Blick von außen auf einen Kreislauf der Geschichte, ein »Rad des Daseins« ist Sache des Zwerges, seine verächtliche Sicht auf die Dinge. Er kennt nicht die Perspektive des Augenblicks, sondern nur den Blick auf das ewige Einerlei des Kreislaufs. Zarathustra vertritt eine andere Sicht: In seiner Perspektive »stossen« sich die zwei Wege stattdessen im Augenblick »vor den Kopf«. Der Blickpunkt ist in die Zeit hineinverlagert, der Augenblick Ausgangspunkt. An ihm findet eine Richtungsumkehr der beiden Wege statt. Der Augenblick ist auch Umkehrpunkt: Vergangenes liegt in Richtung der rückwärtigen Ewigkeit, Zukünftiges in Vorwärtsrichtung. Der Zwerg kennt keine Richtungen, kennt nicht den Unterschied zwischen Erwartung und Erinnerung. Er betrachtet den Prozess nur von außen, ist nie Teil des Geschehens.

»Die Zeit selber ist ein Kreis« – diese Sichtweise greift zu kurz, sie unterschlägt die Perspektive des Augenblicks. Trotzdem stellt Zarathustra die Frage nach der Wiederkunft des Gleichen: »Muss nicht, was laufen *kann* von allen Dingen, schon einmal diese Gasse gelaufen sein?«

Die Frage deutet ein Argument an: Wenn der Vorrat an Möglichkeiten endlich ist und ein Augenblick die kommenden Dinge, neue Konstellationen »nach sich zieht«, werden Situationen wieder auftreten.

Nietzsche wird später versuchen, für die Möglichkeit einer ewigen Wiederkunft des Gleichen Argumente zusammenzutragen. Ein Ansatz aus dem Jahre 1885 mischt Aspekte dieser Denkmöglichkeit mit Nietzsches Ethos eines redlichen Denkens, das sich Spekulationen über die Unendlichkeit verbietet.

> [...]. Welches ist denn aber der Satz und Glaube, mit welchem sich die entscheidende Wendung, das jetzt erreichte *Übergewicht* des wissenschaftlichen Geistes über den religiösen götter-erdichtenden Geist, am bestimmtesten formulirt? Heißt er nicht: die Welt, als Kraft, darf nicht unbegrenzt gedacht werden, denn sie *kann* nicht so gedacht werden – wir verbieten uns den Begriff einer *unendlichen* Kraft *als mit dem Begriff ›Kraft‹ unverträglich*. Also – fehlt der Welt auch das Vermögen zur ewigen Neuheit. (KSA 11, 557)

Während der Jahre nach dem *Zarathustra* sammelt Nietzsche weitere Überlegungen in seinen Notizbüchern. Oft sind Gedanken und Formulierungen darunter, welche er bei seiner naturphilosophischen oder naturwissenschaftlichen Lektüre fand, darunter interessante kosmologische Spekulationen und Auseinandersetzungen mit dem Kraftbegriff. Erkennbar ist sein Bemühen, die Möglichkeit der Wiederkunft zu belegen.

Im *Zarathustra* liegt die Betonung auf den Konsequenzen des Gedankens, nicht auf seiner Begründung. Die Rätselfrage an die »Sucher« und »Versucher« steht noch aus. Das Heulen eines Hundes macht Zarathustra auf eine veränderte Szenerie aufmerksam:

Aber da lag ein Mensch! Und da! Der Hund, springend, gesträubt, winselnd, – jetzt sah er mich kommen – da heulte er wieder, da *schrie* er: – hörte ich je einen Hund so Hülfe schrein?

Und, wahrlich, was ich sah, desgleichen sah ich nie. Einen jungen Hirten sah ich, sich windend, würgend, zuckend, verzerrten Antlitzes, dem eine schwarze schwere Schlange aus dem Mund hieng.

Sah ich je so viel Ekel und bleiches Grauen auf Einem Antlitze? Er hatte wohl geschlafen? Da kroch ihm die Schlange in den Schlund – da biss sie sich fest.

Meine Hand riss die Schlange und riss: – umsonst! sie riss die Schlange nicht aus dem Schlunde. Da schrie es aus mir: ›Beiss zu! Beiss zu!

Den Kopf ab! Beiss zu!‹ – so schrie es aus mir, mein Grauen, mein Hass, mein Ekel, mein Erbarmen, all mein Gutes und Schlimmes schrie mit Einem Schrei aus mir. –

Ihr Kühnen um mich! Ihr Sucher, Versucher, und wer von euch mit listigen Segeln sich in unerforschte Meere einschiffte! Ihr Räthsel-Frohen!

So rathet mir doch das Räthsel, das ich damals schaute, so deutet mir doch das Gesicht des Einsamsten!

Denn ein Gesicht war's und ein Vorhersehn: – was sah ich damals im Gleichnisse? Und *wer* ist, der einst noch kommen muss?

Wer ist der Hirt, dem also die Schlange in den Schlund kroch? *Wer* ist der Mensch, dem also alles Schwerste, Schwärzeste in den Schlund kriechen wird?

– Der Hirt aber biss, wie mein Schrei ihm rieth; er biss mit gutem Bisse! Weit weg spie er den Kopf der Schlange –: und sprang empor. –

Nicht mehr Hirt, nicht mehr Mensch, – ein Verwandelter, ein Umleuchteter, welcher *lachte*! Niemals noch auf Erden lachte je ein Mensch, wie *er* lachte!

Oh meine Brüder, ich hörte ein Lachen, das keines Menschen Lachen war, – und nun frisst ein Durst an mir, eine Sehnsucht, die nimmer stille wird.

Meine Sehnsucht nach diesem Lachen frisst an mir: oh wie ertrage ich noch zu leben! Und wie ertrüge

> ich's, jetzt zu sterben! – (Z, Von Gesicht und Räthsel, 201f.)

Das Geschehen sucht seinesgleichen – »was ich sah, desgleichen sah ich nie«. Zarathustra spricht als »Seher«, sieht Konsequenzen voraus: »ein Gesicht war's und ein Vorhersehn«.

Die Schlange, das »klügste Thier«, ist einem Menschen ins Innerste gekrochen. Nietzsche legt einmal mehr durch Bild und Wortlaut einen deutlichen Verweis auf den »grossen Ekel« an. Zarathustra sagt später von sich selbst:

> Der grosse Überdruss am Menschen – *der* würgte mich und war mir in den Schlund gekrochen: und was der Wahrsager wahrsagte: ›Alles ist gleich, es lohnt sich Nichts, Wissen würgt.‹ (Z, Der Genesende, 274)

Ein weiterer Hinweis auf die Autonomie des einzelnen folgt. Der Rettungsversuch von außen schlägt fehl, Zarathustra kann dem Hirten die Schlange nicht aus dem Schlund ziehen. Der muß selbst zubeißen, muß dem »Wissen«, das ihn würgt, den Kopf abbeißen. Es ist seine Aufgabe, den »grossen Ekel« zu überwinden und mit diesem sich selbst. Sein Lachen danach ist bereits »keines Menschen Lachen« mehr.

Wäre das Rätsel, das Zarathustra den »Suchern« und »Versuchern« stellt, mit einem Wort lösbar, so dürfte dieses Lösungswort wohl »Übermensch« lauten. Das Rätsel deutet den Zusammenhang zwischen Wiederkunftsgedanken und Übermensch an.

Übermensch ist, der den »grossen Ekel« als Lachender überwindet, der deshalb den Wiederkunftsgedanken erträgt und ihn ertragen läßt.

Abgesehen von seiner Rolle ist der Übermensch noch unbekannt. Zarathustra stellt seine Frage »Suchern, Versuchern«. Vielleicht ist dies ein Hinweis

Nietzsches darauf, daß nur der Versuch entscheiden kann, wer der Gesuchte ist, und ob es ihn überhaupt geben kann.

Den zweiten Hinweis auf die Wiederkunftslehre geben Zarathustras Tiere, nicht mehr er selbst. Der Gedanke wirkt aus ihrer Sicht oberflächlicher. Lediglich der Aspekt, daß kein Bewußtsein die Wiederkunft begleitet, keine Seelenwanderung gemeint ist, sondern daß es um die Reproduktion derselben Situation geht, findet sich klarer herausgearbeitet.

> Siehe, wir [Zarathustras Tiere] wissen, was du lehrst: dass alle Dinge ewig wiederkehren und wir selber mit, und dass wir schon ewige Male dagewesen sind, und alle Dinge mit uns. […].
>
> Und wenn du jetzt sterben wolltest, oh Zarathustra: siehe, wir wissen auch, wie du da zu dir sprechen würdest: – aber deine Thiere bitten dich, dass du noch nicht sterbest!
>
> Du würdest sprechen und ohne Zittern, vielmehr aufathmend vor Seligkeit: denn eine grosse Schwere und Schwüle wäre von dir genommen, du Geduldigster! –
>
> ›Nun sterbe und schwinde ich, würdest du sprechen, und im Nu bin ich ein Nichts. Die Seelen sind so sterblich wie die Leiber.
>
> Aber der Knoten von Ursachen kehrt wieder, in den ich verschlungen bin, – der wird mich wieder schaffen! Ich selber gehöre zu den Ursachen der ewigen Wiederkunft.
>
> Ich komme wieder, mit dieser Sonne, mit dieser Erde, mit diesem Adler, mit dieser Schlange – *nicht* zu einem neuen Leben oder besseren Leben oder ähnlichen Leben:
>
> – ich komme ewig wieder zu diesem gleichen und selbigen Leben, im Grössten und auch im Kleinsten, dass ich wieder aller Dinge ewige Wiederkunft lehre, – […].

Ich sprach mein Wort, ich zerbreche an meinem Wort: so will es mein ewiges Loos –, als Verkündiger gehe ich zu Grunde!

Die Stunde kam nun, dass der Untergehende sich selber segnet. Also – *endet* Zarathustra's Untergang.‹ – (ebd., 276f.)

Die Tiere nehmen Zarathustras Tod – das *Ende* seines Untergangs – vorweg. Nietzsche läßt Zarathustra in den vier Büchern nicht sterben, obgleich dies immer wieder geplant und konzipiert wurde.

Schon im Rahmen der ersten Entwürfe des Ereignisses (KSA 10, 377f.) besteht zwischen Zarathustras Tod und der Verkündigung der Wiederkunftslehre ein Zusammenhang. Die Beschreibung durch die Tiere nimmt diesen Gedanken auf: »Ich sprach mein Wort, ich zerbreche an meinem Wort: so will es mein ewiges Loos –, als Verkündiger gehe ich zu Grunde!«

Die Tiere bezeichnen Zarathustra als den »Lehrer der ewigen Wiederkunft«, er ist nicht der Übermensch, der lachend mit dieser Lehre fertig werden könnte. Zarathustra zerbricht jedoch im veröffentlichten Text an keinem der Worte, die er sagt. Er schweigt zur Rede der Tiere. Danach folgt die hymnische Passage ›Von der grossen Sehnsucht‹. Die Sehnsucht nach dem Lachen dessen, der den »grossen Ekel« überwunden hat, läßt Zarathustra auch nach der Mitteilung seines Rätsels von der Wiederkunft nicht los:

Meine Sehnsucht nach diesem Lachen frisst an mir: oh wie ertrage ich noch zu leben! Und wie ertrüge ich's, jetzt zu sterben! – (Z, Von Gesicht und Räthsel, 202)

Die vier Bücher des *Zarathustra*

Zur Komposition

Auffällig am *Zarathustra* ist die Offenheit der Komposition, welche es Nietzsche erlaubte, immer wieder weitere Gedankenbilder und Texte einzugliedern. Nietzsche gruppierte dabei seine Vorentwürfe wiederholt um, ehe er eine abschließende Abschrift vornahm. Es gibt keinen systematisch-zwingenden Verlauf, stattdessen organisieren die Vorliebe Nietzsches, sein Geschmack für die passende Kombination und Abfolge den Text.

Genausowenig gibt es eine eigentliche Geschichte der Wanderungen Zarathustras, keine Marschroute. Er zieht umher, ist – wie Nietzsche selbst – einmal in der einen Umgebung, dann wieder in einer anderen, kehrt zurück oder geht fort. Die Umgebungen wechseln mit den Gedankenbildern, mehr noch: sie sind der jeweilige Hintergrund für diese. Sie treten auch als Erkennungszeichen auf und stellen so Bezüge zwischen den einzelnen Reden und Bildern Zarathustras her.

Eine entsprechende Funktion haben die markanten Figuren, die mit Zarathustra zusammentreffen. In jeweils verschiedenen Zusammenhängen kann Nietzsche mit deren Namen oder Titeln Verweise herstellen, auf einen anderen Kontext anspielen. Nietzsche arbeitet mit Siglen. Montinari sieht hierin ein Kennzeichen gerade der späteren Werke:

> Nietzsche hat, speziell in der Spätphase seines schöpferischen Daseins, Begriffe benutzt, die leer und fast blutlos, beinahe nichtssagend scheinen (z.B. der Begriff ›höhere Menschen‹): man muß sich folglich aller vorhergehenden Bedeutungen erinnern, mit denen er sie angefüllt hat. Diese Begriffe sind sozusagen *Siglen*: sie sollen uns immer an das denken machen, was vorher gewesen ist. [...]. (M M, Notizen, LXXII)

Über die Verwendung von Siglen hinaus tritt im *Zarathustra* sogar das kommentierte Selbstzitat auf. Ein Beispiel unter vielen ist die Bemerkung »Die Dichter lügen zuviel«. Es entsteht ein Netz von Kommentaren und Assoziationen.

Die Gedankenbilder und Reden Zarathustras sind allerdings inhaltlich nicht gleichmäßig verstreut. Sie haben Schwerpunkte, ziehen sich um gedankliche Zentren herum zusammen.

So, wie Zarathustras Umherwandern sich nicht durch die Angabe einer zielgerichteten Marschroute beschreiben läßt, fügen sich die Gedankenbilder keinem einheitlichen Gedankengang. Was sich beschreiben läßt, sind die verschiedenen Schwerpunkte und ihre Verlagerung. Im Entwurf zum Vorwort für einen nicht realisierten zweiten Band von *Jenseits von Gut und Böse* stellt er dieses Buch als Verständnishilfe für den *Zarathustra* vor – nicht als Kommentar, sondern als Glossar zu inhaltlichen Schwerpunkten:

> [...] So gewiss auch dies ›Vorspiel einer Philosophie der Zukunft‹ keinen Commentar zu den Reden Zarathustra's abgiebt und abgeben soll, so vielleicht doch eine Art vorläufiges Glossarium, in dem die wichtigsten Begriffs- und Werth-Neuerungen jenes Buchs – eines Ereignisses ohne Vorbild, Beispiel, Gleichniß in aller Litteratur – irgendwo einmal vorkommen und mit Namen genannt sind. (KSA 12, 234)

Die inhaltliche Erläuterung wichtiger Schwerpunkte, wie sie in den vorhergehenden Kapiteln versucht wurde, ist die eine Möglichkeit, Verständnishilfen zu geben. Ergänzend soll noch ein Überblick über das Arrangement der Gedankenbilder und Reden gegeben werden, die Verlagerung der Schwerpunkte zu beschreiben.

Kommen und Gehen: die vier Teile

Der erste Teil beginnt damit, daß Zarathustra hinabsteigt aus dem Gebirge; er endet mit dem Verlassen seiner Jünger und der Rückkehr in die Einsamkeit. Der zweite Teil beginnt ähnlich. Wieder bricht Zarathustra aus seiner Einsamkeit auf. Zwar kehrt er nicht gleich zurück, dennoch läßt er auch am Ende des zweiten Teils alle Begleiter – diesmal sind es »seine Freunde« – hinter sich, um in seine Einsamkeit zu gehen. Auf dem Weg dorthin überquert er einen Bergrücken und gelangt an »das andre Gestade« einer Insel. Hiermit setzt der dritte Teil ein. Etwa in dessen Mitte steht die »Heimkehr« Zarathustras in seine Einsamkeit. Ab diesem »Zeitpunkt« unterhält er sich nur noch mit sich selbst, mit seinen Tieren, mit »dem Leben«. Erst am Beginn des vierten Teils bricht er wieder auf, diesmal trifft er nur noch auf einzelne markante Gestalten, die er zum abendlichen Fest in seine Höhle einlädt. Am nächsten Morgen läßt er Höhle und Gäste hinter sich. So endet der vierte Teil.

Distanzierungen machen die Unterteilung des *Zarathustra* aus. »Ich schliesse Kreise um mich und heilige Grenzen; immer Wenigere steigen mit mir auf immer höhere Berge« (Z, Von alten und neuen Tafeln, 260) – so formuliert Zarathustra und bezeichnet damit auch die Tendenz des Buches. Nietzsches Gedanken sind in ihrer Radikalität einsame Experimente, und sie sind die Gedanken eines Einsamen: – »Ich bin die *Einsamkeit* als Mensch« (KSA 13, 641) notiert er noch 1889.

Zarathustras Vorrede

Der Abschnitt ist eine vollständige Einführung: Ausgangspunkte werden umrissen, eine Standortbestimmung durchgeführt. *Zarathustra* ist der Versuch einer individuellen Haltung nach dem »Tode Gottes« und nach dem Scheitern aller philosophischen Systeme. Der Entschluß zum Untergang (1.) und das Gespräch mit dem Einsiedler (2.) verdeutlichen dies.

Es folgt eine thematische Einführung in Form dreier Redeabschnitte an die Menge.

Schwerpunkt ist die Gegenüberstellung des Übermenschen und des »letzten Menschen«. Das Scheitern der »Predigt« vor der Menge, der Entschluß, »Gefährten« zu suchen, stellt klar, daß das Buch nicht als Katechismus eines neuen Glaubens, sondern als Aufforderung zu einer autonomen Haltung zu lesen ist. Die Abschnitte lesen sich als Kommentar zum Untertitel ›Ein Buch für Alle und Keinen‹, geben Hinweise darauf, in welcher Weise sich das Buch an die Leser wendet.

Die Reden Zarathustras

Der erste Teil

›Von den drei Verwandlungen‹: Die erste Rede kann als einleitender Hinweis verstanden werden. Angedeutet wird der Geist der folgenden Reden, die Art und Weise des Denkens und Philosophierens im *Zarathustra*. Eine Metamorphose wird skizziert: der ehrfürchtige wird zum befreienden, freien Geist, dieser zum spielenden, der das »Spiel des Schaffenden« bejaht. Der zweite Schritt führt von der Kritik zum Experiment.

Was folgt, ist die Karikatur von Verbindlichkeiten und verbreiteten Überzeugungen, an die sich teilweise detaillierte Neubewertungen anschließen: Bemerkungen zur Tugendhaftigkeit, zu den Leidenschaften, zu Prüderie und Körperfeindlichkeit, zum Verbrechen, zum Krieg, zum Staat, zur Keuschheit, zur Freundschaft, zur Nächstenliebe, zum Verhältnis von Mann und Frau, zur Partnerschaft und Erziehung, zum Freitod. Verschiedene Lebensbereiche werden aus neuer Perspektive gesichtet, Alltägliches gehört dazu. Zeitgenössische moralische Bewertungen und gesellschaftliche Verpflichtungen finden sich in Frage gestellt. Besonders auffällig ist der Ausfall gegen den Staat. Zarathustra bezeichnet und diskreditiert ihn als Ersatzreligion nach dem Tode Gottes. Ermutigt wird stattdessen das Vertrauen in die eigenen Bedürfnisse und Leidenschaften – auch die des Leibes –, der Mut zum Risiko, sogar der Mut zum eigenen Untergang.

Nebenbei auffällig ist die Einarbeitung einer Spruchsammlung: ›Vom Lesen und Schreiben‹.

Charakteristisch für die Perspektive all dieser Bemerkungen ist Zarathustras Ausspruch:

> Der Mensch ist Etwas, das überwunden werden muss: und darum sollst du deine Tugenden lieben, – denn du wirst an ihnen zu Grunde gehn. – (Z, Von den Freuden- und Leidenschaften, 44)

Gedankliche Schwerpunkte finden sich oft in Textstücken, welche teilweise auch äußerlich die etwas starre Form der Stellungnahmen und Lehrreden aufbrechen:

›Von den Hinterweltlern‹ wiederholt in anderer Form die Forderung der Vorrede: »[...], *bleibt der Erde treu* und glaubt Denen nicht, welche euch von überirdischen Hoffnungen reden!« (Z, Zarathustra's Vorrede, 15). Es ist die Absage an die Transzendenz, an alle Versuche, hinter dem und jenseits des Daseins etwas Wahreres, Ewiges oder auch nur Anderes zu setzen, gleichzeitig die Forderung, am immanenten Sinn des Lebens nicht zu verzweifeln.

›Von den Predigern des Todes‹ setzt diesen Gedanken fort. Denen, die aus eigener Verzweiflung am Leben oder aus anderen Gründen dem Dasein seinen immanenten Sinn völlig absprechen und stattdessen die Abkehr vom Leben predigen, wird sarkastisch gewünscht, sie mögen »nur schnell dahinfahren!« (Z, Von den Predigern des Todes, 57).

›Vom Biss der Natter‹ stellt gegen das Ressentiment das Bild einer starken Vergebung und gelassenen Gerechtigkeit. Zarathustra läßt sich als Vernichter der Moral bezeichnen, welcher er diesen neuen Reaktionen statt einer Vergeltung entgegenhält.

›Von tausend und Einem Ziele‹, ›Von den Fliegen des Marktes‹, ›Vom Baum am Berge‹ und ›Der Weg des Schaffenden‹ formulieren ein Leitmotiv: Schaffen als Setzen neuer Werte, als Brechen alter Verpflichtungen. Das Suchen einer individuellen Perspektive fern vom Geschmack eines breiten Publikums wird ebenso als Vorbedingung eines solchen Schaffens kenntlich gemacht wie die Einsamkeit, ja Vereinsamung auch als seine Konsequenz.

›Von der schenkenden Tugend‹ ist Schlußakkord und Höhepunkt des ersten Teils: eine Tugend, die alles in Anspruch nimmt, gestaltet und umprägt, nicht für sich selbst, sondern um überflüssige Kostbarkeit zu verschenken – diesen Inbegriff des Schaffens zeichnet der erste Abschnitt. Der zweite wiederholt den Aufruf zur Immanenz: »Bleibt mir der Erde treu [...].«. Der Mensch als Versuch, als das Lebewesen, das sich viele Irrtümer einverleibt hat – zunächst ohne Irrtum nicht leben kann: als Anspielung wird diese Thematik gestreift. Eine Skizze zeichnet einen Weg über das Erkennen und Wissen zu den vielen noch unentdeckten Lebensmöglichkeiten und -perspektiven, deren Entdeckung auch den Übermenschen ermöglichen kann. Der dritte Abschnitt ist der Abschied von den Jüngern. Zarathustra stößt alle, die seinen Reden als einer Heilslehre folgen wollen, zurück – zurück auf sich selbst und ihre Autonomie. Aus Jüngern sollen einmal »Freunde geworden sein und Kinder Einer Hoffnung« (Z, Von der schenkenden Tugend, 102).

Zarathustra distanziert sich von den Jüngern und seiner eigenen Lehre und geht zurück in seine Einsamkeit.

Der zweite Teil

Der Anteil der Lehr-Reden nimmt ab. Lieder, skizzierte Begebenheiten und Begegnungen, dialogähnliche Abschnitte kommen neu hinzu. »Was geschah mir doch, meine Thiere? – [...]. Bin ich nicht verwandelt!« (Z, Das Kind mit dem Spiegel, 106). Zarathustras Typus wird facettenreicher, komplizierter. Der überlegene Lehrer tritt zurück. Neue Züge zeigen sich an ihm: Nietzsche nennt das ›Nachtlied‹ in *Ecce homo* eine Äußerung »tiefster Schwermuth«. Das ›Grablied‹ formuliert Trauer und Aufbruch, das ›Tanzlied‹ Distanz zum Leben. ›Die stillste Stunde‹ ist gezeichnet von Verunsicherung, Anfechtung.

Ausgangspunkt ist ein Traum Zarathustras und seine Deutung:

> ›Was erschrak ich doch so in meinem Traume, dass ich aufwachte? Trat nicht ein Kind zu mir, das einen Spiegel trug?
>
> ›Oh Zarathustra – sprach das Kind zu mir – schaue Dich an im Spiegel!‹
>
> Aber als ich in den Spiegel schaute, da schrie ich auf, und mein Herz war erschüttert: denn nicht mich sahe ich darin, sondern eines Teufels Fratze und Hohnlachen.
>
> Wahrlich, allzugut verstehe ich des Traumes Zeichen und Mahnung: meine *Lehre* ist in Gefahr, Unkraut will Weizen heissen! (Z, Das Kind mit dem Spiegel, 105)

Zarathustra begegnet dieser Gefahr. Zwar bezieht er in weiteren Lehrreden Stellung zum Mitleid, zu den Priestern, zur Moralität, zum Problem der Ungleichheit von Menschen. Zusätzlich wird aber der Hintergrund umrissen, vor dem seine Bewertungen zu sehen sind, und die dahinterstehende Problematik.

Das Leiden am Dasein zeichnet sich ab, der »Wahrsager« verkündet den Pessimismus. Zarathustra grenzt sich im Abschnitt ›Von den Taranteln‹ scharf von der Daseinsverachtung, der Rache am Leben ab.

Die Klärung seines Verhältnisses zum Leben, seine Sicht auf das Leben, macht einen inhaltlichen Schwerpunkt aus. Hierzu gehören auch die Abschnitte ›Von der Selbst-Ueberwindung‹ und ›Von der Erlösung‹, die den »Willen zur Macht« als Deutungsansatz einführen, den Pessimismus als Verkehrung seiner Dynamik und den Übermenschen als Gegenmittel auslegen.

Das Motiv des Schaffenden, welcher Umwertungen, jene leisen »grossen Ereignisse«, vornimmt, wird wieder aufgegriffen. Das Setzen neuer Perspektiven, das hiermit verbunden ist, sieht sich mit kontrastierenden Wahrheitskonzepten konfrontiert.

›Von den berühmten Weisen‹, ›Vom Lande der Bildung‹, ›Von der unbefleckten Erkenntniss‹, ›Von den Gelehrten‹, ›Von den Dichtern‹ verweisen wechselseitig aufeinander und auf die Fülle von Denkansätzen Nietzsches zu »Wahrheit«, »Schein«, »Erkenntnis«, »Lüge« und »Geist«.

Eine weitgespannte Aussicht auf die Themenkreise des Buches findet sich zu Beginn: – ›Auf den glückseligen Inseln‹ greift Satz für Satz Schlüsselworte und -gedanken auf, zumeist hochkomprimiert und anspielungsreich. Ein Bild am Anfang steht für den veränderten Ton der Mitteilung, die reife, herbstliche Gelassenheit der »Lehren«, welche sich im zweiten Teil an Geistesverwandte, an Freunde richten:

> Die Feigen fallen von den Bäumen, sie sind gut und süss; und indem sie fallen, reisst ihnen die rothe Haut. Ein Nordwind bin ich reifen Feigen.
>
> Also, gleich Feigen, fallen euch diese Lehren zu, meine Freunde: nun trinkt ihren Saft und ihr süsses

Fleisch! Herbst ist es umher und reiner Himmel und Nachmittag. (Z, Auf den glückseligen Inseln, 109)

Am Ende des zweiten Teils weint Zarathustra über den Abschied von den Freunden. Die »stillste Stunde« geht seinem Aufbruch voraus. »Du weisst es, Zarathustra, aber du redest es nicht!« (Z, Die stillste Stunde, 188) – Zarathustra verschweigt seinen »schwersten« Gedanken, verschont seine Freunde vor ihm und muß diese deshalb zurücklassen.

Der dritte Teil

Tiefer »hinab in den Schmerz als ich jemals stieg, bis hinein in seine schwärzeste Fluth!« (Z, Der Wanderer, 195): der dritte Teil stößt zu Extremen vor. Bilder und sprachliche Form sind von diesen Extremen geprägt: Dramatischer Monolog steht neben Hymne, Schmährede, Selbstgespräch und rondoartig sich wiederholender Textstruktur. Das Buch ist reicher an Handlung und Bewegung als die vorangegangenen. Nietzsche merkt sich zum Charakter des Buches vor: »[...] *gegen die Behaglichkeit des* ***Weisen*** – gegen die fröhliche Wissenschaft« (KSA 10, 483).

Als Eingangstext faßt ›Der Wanderer‹ bildhaft die – Nietzsches Einschätzung nach – entscheidende Bedeutung des Folgenden zusammen.

›Vom Gesicht und Räthsel‹ enthält in allegorischer Form und mit hinweisenden Fragen die erste längere Passage zum »Wiederkunftsgedanken« – die einzige, welche Zarathustra selbst in den Mund gelegt wird. Später geben die Tiere Zarathustras in ›Der Genesende‹ ihre Darstellung des Gedankens. Der »grosse Ekel« Zarathustras, inhaltlich eng damit verbunden, findet im selben Abschnitt seinen stärksten Ausdruck.

›Vor Sonnenaufgang‹, ›Die Heimkehr‹, ›Von der grossen Sehnsucht‹, ›Das andere Tanzlied‹, ›Die sieben Siegel‹ nähern sich poetischer Sprache; das Dasein erscheint in einem veränderten Licht. Die Stimmungen, die diese Texte zu transportieren versuchen, entsprechen Sichtweisen des Wiederkunftsgedankens: Die Dinge erscheinen befreit von jedem außerhalb ihrer selbst liegenden Sinn, zweckfrei und trotzdem jedes durch seine mögliche ewige Wiederkunft von Gewicht; die Einsamkeit als der einzige Ort, an dem Zarathustra sich frei, ja schonungslos dieser Perspektive stellen kann; die Sehnsucht nach der noch ausstehenden immanenten Sinngebung durch den Übermenschen vertieft; das Leben gleichzeitig bestätigt und infragegestellt; die Ewigkeit geliebt als die Ermöglichung der Wiederkunft.

Ein Teil derjenigen Texte, die Bewertungen formulieren, beginnt um Probleme zu kreisen, die in *Jenseits von Gut und Böse* als Probleme der Rangordnung und der Vornehmheit bezeichnet werden. Deutliche Ausprägungen finden sich in ›Von den verkleinernden Tugenden‹ und ›Vom Vorübergehen‹.

Hervorzuheben ist die lange Passage eines expliziten Selbstkommentars in ›Von alten und neuen Tafeln‹: – »Niemand erzählt mir Neues: so erzähle ich mir mich selber« (Z, Von alten und neuen Tafeln, 246).

Gezeichnet werden auch mögliche Haltungen anderer. ›Von den Abtrünnigen‹ beschreibt diejenigen, die vor der neuen Perspektive in religiöse oder metaphysische Sicherheiten zurückflüchten. In ›Von der Seligkeit wider Willen‹ hat Zarathustra seine Kinder vor Augen. Es sind Kinder im übertragenen Sinne, die angesichts jener Perspektive autonome, starke Individualität entwickeln – jedes dieser Kinder »ein lebendiger Leuchthurm unbesiegbaren Lebens« (Z, Von der Seligkeit wider Willen, 204).

Die rondoartige Liebeserklärung an Ewigkeit und Wiederkunft bildet den Abschluß des dritten Teils.

Der vierte Teil

Der vierte Teil des *Zarathustra* – eine »[...] Lehre der *Mitfreude.*« (KSA 10, 482): Ein großer Bogen ist eher als in den ersten drei Teilen wahrzunehmen. Die sprachliche Form der *Dionysos-Dithyramben*, gedichtartiger Texte in freien Rhythmen, tritt erstmalig auf.

›Das Honig-Opfer‹ steht als Bild für die Ausgangssituation: Zarathustra verwendet sein Glück verschwenderisch als Köder. Es zeigt ihn als »Zieher, Züchter und Zuchtmeister« zu größerer Wahrhaftigkeit, mehr Leichtigkeit und Selbstüberwindung, größerer »Höhe«. ›Der Nothschrei‹ – ein Rückschlag: Die Entwicklung des Menschen zu größerer Höhe im Sinne Zarathustras ist in Gefahr. Der Wahrsager des Pessimismus zeichnet eine äußere Gefahr: »Aber Alles ist gleich, es lohnt sich Nichts, es hilft kein Suchen, es giebt auch keine glückseligen Inseln mehr! – « (Z, Der Nothschrei, 302). Daneben weist Zarathustras Reaktion auf eine innere Entwicklungsstörung hin: der »höhere Mensch« mißrät.

Der Verlauf im folgenden kann grob umrissen werden: Zarathustra – verführt zu seiner »letzten Sünde«, dem Mitleid – sucht den höheren Menschen, trifft dabei auf verschiedene markante Gestalten, die er einlädt zu einem abendlichen Fest in seiner Höhle, und findet bei seiner Rückkehr dort den gesuchten »höheren Menschen« – es sind die Gäste selbst. Bei seinem Fest lernen diese wieder zu lachen und zu hoffen, lernen die Mitfreude.

Die Gestalten, auf welche Zarathustra trifft, sind außergewöhnlich. Sie ragen aus dem historischen Trend zur Angleichung, den Nietzsche diagnostiziert, heraus. Darüber hinaus sind sie allerdings auch facettenreiche Kontrastfiguren zu Zarathustra: Die Könige reden zwar, wie Zarathustra auch, vom Mut zum Risiko und Vorrechten der Besseren, sind selbst aber »sehr friedfertige Könige, [...] mit alten feinen Gesichtern« (Z, Gespräch mit den Königen, 308); der »Gewissenhafte des Geistes« praktiziert intellektuelle Redlichkeit, aber auf der Suche nach Gewißheiten; der »Zauberer« ist Dichter, jedoch als Illusionskünstler; auch der Papst außer Dienst hat seinen Gott verloren, bleibt aber ein Trauernder; der »hässlichste Mensch« wird ebenfalls ein Gottloser, wird sogar zum Mörder Gottes – aus Selbst-Verachtung; der »freiwillige Bettler« liebt die Erde, jedoch als arme Immanenz ohne utopischen Horizont; der »Schatten« schließlich ist freier Geist, aber verliert sich in agnostischer Beliebigkeit.

Den Begegnungen steht Zarathustras Mittagsschlaf gegenüber: ein Vorschein heiterer Vollkommenheit und Vollendung. Er bleibt kurz, Zarathustra bricht bald wieder auf.

> Ich will gegen die Kunst der Kunstwerke eine höhere Kunst lehren: die der Erfindung von *Festen*. (KSA 9, 506)

Der Tag des vierten Teils, den Zarathustra mit »umsonstigen Suchen« nach dem höheren Menschen verbrachte, mündet in das abendliche Fest. ›Die Begrüssung‹ enthält gleich ein Moment der Distanzierung:

> Als Vorzeichen kamt ihr mir nur, dass schon Höhere zu mir unterwegs sind, –

> – *nicht* die Menschen der grossen Sehnsucht, des grossen Ekels, des grossen Überdrusses und Das, was ihr den Überrest Gottes nanntet. (Z, Die Begrüssung, 351)

›Das Abendmahl‹ und Zarathustras zwanzigteilige Rede ›Vom höheren Menschen‹ sind Ausführungen hierzu, abgeschlossen durch Zarathustras Rat: »ihr höheren Menschen, *lernt* mir – lachen!« (Z, Vom höheren Menschen, 368).

Noch einmal treten der »Zauberer«, der »Gewissenhafte« und der »Schatten« auf. Diesmal lösen sich ihre Positionen nacheinander ab, werden sukzessive aufgehoben und enden mit dem mutwillig-leichtfertigen Lied des »Schattens«. Danach ist Zarathustras Höhle »voll Lärmens und Lachens«.

›Das Eselsfest‹ ist ein zwischen Ernst und Parodie heftig schwankender, atavistischer Rückfall in Frömmigkeit und religiöse Verehrung. Vergleichbar mit dem alttestamentarischen Tanz um das goldene Kalb wird hier einem Esel göttliche Verehrung zuteil. Zarathustra, der kurz die Höhle verlassen hat, kehrt zurück; die Veranstaltung geht im Unernst aus.

»Ein Tag, Ein Fest mit Zarathustra lehrte mich die Erde lieben. ›War *Das* – das Leben?‹ will ich zum Tode sprechen. ›Wohlan! Noch Ein Mal!‹« (Z, Das Nachtwandler-Lied, 396) – die Gäste haben die Mitfreude gelernt. Diese versetzt sie in die Lage, das Dasein – sogar unter der Perspektive seiner Wiederholung – zu bejahen.

Im ›Nachtwandler-Lied‹ besingt Zarathustras »Rundgesang« diese Überwindung der »grossen Traurigkeit«.

›Das Zeichen‹ steht für die abschließende Distanzierung Zarathustras auch noch von den »höheren Menschen«. Die Zukunft – *sein* Tag – wird ihm und seinen Kindern allein gehören.

›*Mitleiden*! *Das Mitleiden mit dem höheren Menschen*! schrie er auf, und sein Antlitz verwandelte sich in Erz. Wohlan! Das – hatte seine Zeit!

Mein Leid und mein Mitleiden – was liegt daran! Trachte ich denn nach *Glücke*? Ich trachte nach meinem *Werke*!

Wohlan! Der Löwe kam, meine Kinder sind nahe, Zarathustra ward reif, meine Stunde kam: –

Dies ist mein Morgen, *mein* Tag hebt an: *herauf nun, herauf, du grosser Mittag*!‹ — (Z, Das Zeichen, 408)

Der vierte Teil endet mit Zarathustras Aufbruch.

Zarathustra lesen

In der nachgetragenen Vorrede zur *Morgenröthe* fordert Nietzsche dazu auf, sein Buch mit Sorgfalt, »*gut*« zu lesen, »das heisst langsam, tief, rück- und vorsichtig, mit Hintergedanken, mit offen gelassenen Thüren, mit zarten Fingern und Augen lesen ... Meine geduldigen Freunde, dies Buch wünscht sich nur vollkommene Leser und Philologen: *lernt* mich gut lesen! – « (KSA 3, 17).

Es ist angebracht, seinem Wunsch auch bei der Lektüre des *Zarathustra* zu entsprechen. Hilfreich ist dabei der Blick auf andere Texte Nietzsches, seine veröffentlichten Selbstkommentare, unveröffentlichte Textvarianten, Vorstufen. Hinweise auf den Leser Nietzsche, seine literarischen Quellen, seine Bibliothek können ergänzend hinzutreten. Die Kommentarbände der *Kritischen Gesamtausgabe* und der *Kritischen Studienausgabe* sind erstrangige Hilfsmittel.

Nietzsches Denken ist in radikaler Weise offen, sein Werk Ausdruck dieser Radikalität. Die Beschäftigung mit ihm lohnt gerade deswegen. Jede Interpretation wird sich über kurz oder lang als unvollständig oder zu eng erweisen.

Das Lesen der Bücher Nietzsches bringt reizvolle Provisorien hervor. Im besten Falle eigene Versuche, nachzudenken. *Zarathustra* ist kein heiliges Buch, *Zarathustra* kann ein Denkanstoß sein.

> Wie Za[rathustra] sagt: das Gehirn ist der Magen des Herzens – Man muß einen guten Magen haben. Man muß Zarathustra verdauen – mit dem Gehirn (M M, Notizen, LXX).

Anhang

Literatur

Die wichtigsten Hilfsmittel zum Lesen des *Zarathustra* sind die ›Kommentare‹ bzw. ›Nachberichte‹ von Mazzino Montinari und Marie-Luise Haase:
Mazzino Montinari, Kommentar zu ›Also sprach Zarathustra I-IV‹. In: Friedrich Nietzsche, Sämtliche Werke, Kritische Studienausgabe (KSA), München, Berlin, 1980, Bd. 14, S. 279-344.

Ergänzend dazu sollte die ›Chronik zu Nietzsches Leben‹ von Mazzino Montinari gelesen werden:
Kritische Studienausgabe (KSA), Bd. 15, S. 7-212.

Im Rahmen der ›Kritischen Gesamtausgabe‹ der Werke Nietzsches hat Marie-Luise Haase die Arbeit von Mazzino Montinari weitergeführt und erläutert in ihrem ›Nachbericht‹ zum *Zarathustra* die Entstehungsgeschichte des Werkes, Textvarianten und wörtliche oder indirekte Anspielungen auf von Nietzsche benutzte Literatur:
Friedrich Nietzsche, Werke. Kritische Gesamtausgabe, begr. v. Giorgio Colli und Mazzino Montinari, weitergeführt von Wolfgang Müller-Lauter und Karl Pestalozzi, Berlin/New York 1991, Sechste Abteilung, Vierter Band: Marie-Luise Haase und Mazzino Montinari, Nachbericht zum ersten Band der sechsten Abteilung: Also sprach Zarathustra.

Einen vollständigen Index zum *Zarathustra* erstellten:
Reinhard Rzepka und Judith u. Werner Anuschewski, Index zu Friedrich Nietzsche ›Also sprach Zarathustra‹, W. Anuschewski Verlag, Essen, 1983.

Literatur zum *Zarathustra* findet man u.a. über folgende Bibliographien:
International Nietzsche Bibliography, compiled and edited by *Herbert W. Reichert and Karl Schlechta*, Chapel Hill 1960; revised and expanded 1968 (University of North Carolina Studies in Comparative Literature 45); Herbert W. Reichert, International Nietzsche Bibliography 1968 through 1971 und 1972-1973. In: Nietzsche-Studien Bd. 2, Berlin, New York 1973, S. 320ff. und Nietzsche-Studien Bd. 4, Berlin, New York 1975, S. 351ff.

Eine Übersicht über die deutschsprachige Nietzsche-Literatur von 1974 bis 1987 findet sich in:
Rüdiger Schmidt, ›Ein Text ohne Ende für den Denkenden‹. Studien zu Nietzsche, 2. Aufl., Frankfurt am Main 1989. (Athenäums Monographien Philosophie; Bd. 260), S. 275-319.

Eine einführende Bibliographie gibt:
Jörg Salaquarda, Bibliographie. In: Nietzsche, hrsg. v. Jörg Salaquarda, Darmstadt 1980 (Wissenschaftliche Buchgesellschaft; Wege der Forschung, Bd. 52), S. 351-361. (Kommentiert sind die Werk- und Briefausgaben Nietzsches sowie die Bibliographien und Biographien).

Ein wichtiges Hilfsmittel der Nietzsche-Forschung ist das Verzeichnis seiner Bibliothek:
Richard Oehler, Nietzsches Bibliothek, Weimar 1942 (14. Jahresgabe der Freunde des Nietzsche-Archivs).

Dieses Verzeichnis ist jetzt überprüft und wesentlich erweitert worden durch die ›Italienische Forschungsgruppe Nietzsche‹ und wird von Giuliano Campioni, Paolo D'Orio u.a. auf CD-ROM herausgegeben werden.

Als Einführung in Nietzsches Philosophie:
Mazzino Montinari, Friedrich Nietzsche, Eine Einführung, Berlin, New York, 1991.

Die umfangreichste Biographie Nietzsches ist:
Curt Paul Janz, Friedrich Nietzsche. Biographie in drei Bänden, München 1978-1980.

Über den Stand der Nietzsche-Forschung berichten fortlaufend:
Nietzsche-Studien. Internationales Jahrbuch für die Nietzsche-Forschung. Begr. v. Mazzino Montinari, Wolfgang Müller-Lauter, Heinz Wenzel. Hrsg. v. Ernst Behler, Eckhard Heftrich, Wolfgang Müller-Lauter, Berlin, New York
und
Nietzsche-Forschung. Eine Jahresschrift. Hrsg. im Auftrag der Förder- und Forschungsgemeinschaft Friedrich Nietzsche e.V. von Ralf Eichberg, Hans-Martin Gerlach und Hermann Josef Schmidt, Berlin.

Zur Zitierweise

Friedrich Nietzsche wird grundsätzlich nach der *Kritischen Studienausgabe* (Friedrich Nietzsche, Sämtliche Werke. Kritische Studienausgabe in 15 Einzelbänden, hrsg. v. Giorgio Colli und Mazzino Montinari, Berlin, New York 1988, Bd. 14. [Zuerst: München, Berlin/New York 1980, 2. Auflage 1988, dtv 2234]) zitiert. Im Text wird die Abkürzung KSA verwendet, es folgt jeweils die Angabe des Bandes und die Seitenzahl.

Alle Belege für Zitate aus dem *Zarathustra* werden gekennzeichnet durch die Abkürzung Z. Es folgt die Angabe des Abschnittes und die Seitenzahl. Der Text des *Zarathustra* befindet sich in der KSA, Bd.4, dtv 2224 (vgl. zur genauen bibliographischen Angabe das Literaturverzeichnis).

Im Text werden ferner zitiert: Mazzino Montinari, Friedrich Nietzsche. Eine Einführung, Berlin, New York 1991, S.16 [Zuerst: Che cosa ha ›veramente‹ detto Nietzsche, Roma 1975] unter der Abkürzung M M und gefolgt von der Angabe der Seitenzahl sowie Mazzino Montinari, Notizen aus dem Jahre 1967 zu ›Also sprach Zarathustra‹; Anhang zu Giuliano Campioni, ›Die Kunst, gut zu lesen‹ – Mazzino Montinari und das Handwerk des Philologen. In: Nietzsche-Studien Bd.18, 1989, LXIX unter der Abkürzung M M, Notizen und gefolgt von der Angabe der Seitenzahl.

Alle Hervorhebungen in den Textstellen stammen von den zitierten Autoren selbst.